保铮有声

保铮传

刘洋 著

科学家学术成长资料采集工程
中国科学院院士传记丛书

1927年	1952年	1960年	1971年	1976年	1982年	1986年	1990年	2020年
出生于江苏南通	成为新中国第一届雷达生	研制国内第一台微波气象雷达	发明埋地电力电缆故障点测定"冲击闪络法"	研制数字式动目标显示器	研制雷达自适应天线旁瓣相消器和动目标检测器	研制可编程动目标检测器	研究空时二维信号处理、雷达成像和目标识别等取得重大进展	在西安逝世

老科学家学术成长资料采集工程
中国科学院院士传记丛书

铮铮有声

保铮传

刘 洋 ◎ 著

中国科学技术出版社
·北京·

图书在版编目（CIP）数据

铮铮有声：保铮传 / 刘洋著 . -- 北京：中国科学技术出版社，2024.8.（2024.11 重印）--（老科学家学术成长资料采集工程丛书 . 中国科学院院士传记丛书）. -- ISBN 978-7-5236-0897-5

Ⅰ . K826.16

中国国家版本馆 CIP 数据核字第 20245J7N23 号

责任编辑	李双北
责任校对	吕传新
责任印制	徐 飞
版式设计	中文天地

出　　版	中国科学技术出版社
发　　行	中国科学技术出版社有限公司
地　　址	北京市海淀区中关村南大街 16 号
邮　　编	100081
发行电话	010-62173865
传　　真	010-62173081
网　　址	http://www.cspbooks.com.cn

开　　本	787mm×1092mm　1/16
字　　数	179 千字
印　　张	11.75
彩　　插	2
版　　次	2024 年 8 月第 1 版
印　　次	2024 年 11 月第 2 次印刷
印　　刷	北京顶佳世纪印刷有限公司
书　　号	ISBN 978-7-5236-0897-5 / K・432
定　　价	86.00 元

（凡购买本社图书，如有缺页、倒页、脱页者，本社销售中心负责调换）

老科学家学术成长资料采集工程专家委员会

主　任：韩启德

委　员：（以姓氏拼音为序）

陈佳洱　方　新　傅志寰　李静海　刘　旭
齐　让　王进展　王礼恒　赵沁平

老科学家学术成长资料采集工程丛书组织机构

特邀顾问（以姓氏拼音为序）

樊洪业　方　新　谢克昌

编委会

主　编：老科学家学术成长资料采集工程领导小组办公室

编　委：（以姓氏拼音为序）

艾素珍　陈维成　定宜庄　董庆九　胡化凯
胡宗刚　吕瑞花　孟令耘　潘晓山　秦德继
阮　草　谭华霖　王扬宗　熊卫民　姚　力
张大庆　张　剑　张　藜　周德进

编委会办公室

主　任：董　阳　董亚峥

副主任：韩　颖

成　员：（以姓氏拼音为序）

高文静　胡艳红　李　梅　刘如溪　罗兴波
王传超　张珩旭　张佳静

老科学家学术成长资料采集工程简介

老科学家学术成长资料采集工程（以下简称"采集工程"）是根据国务院领导同志的指示精神，由国家科教领导小组于2010年正式启动，中国科协牵头，联合中组部、教育部、科技部、工信部、财政部、文化部、国资委、解放军总政治部、中国科学院、中国工程院、国家自然科学基金委员会等11部委共同实施的一项抢救性工程，旨在通过实物采集、口述访谈、录音录像等方法，把反映老科学家学术成长历程的关键事件、重要节点、师承关系等各方面的资料保存下来，为深入研究科技人才成长规律，宣传优秀科技人物提供第一手资料和原始素材。

采集工程是一项开创性工作。为确保采集工作规范科学，启动之初即成立了由中国科协主要领导任组长、12个部委分管领导任成员的领导小组，负责采集工程的宏观指导和重要政策措施制定，同时成立领导小组专家委员会负责采集原则确定、采集名单审定和学术咨询，委托科学史学者承担学术指导与组织工作，建立专门的馆藏基地确保采集资料的永久性收藏和提供使用，并研究制定了《采集工作流程》《采集工作规范》等一系列基础文件，作为采集人员的工作指南。截至2021年8月，采集工程已启动592位科学家的学术成长资料采集项目，获得实物原件资料132922件、数字化资料318092件、视频资料443783分钟、音频资料527093分钟，具有重要的史料价值。

采集工程的成果目前主要有三种体现形式，一是建设"中国科学家博物馆网络版"，提供学术研究和弘扬科学精神、宣传科学家之用；二是编辑制作科学家专题资料片系列，以视频形式播出；三是研究撰写客观反映老科学家学术成长经历的研究报告，以学术传记的形式，与中国科学院、中国工程院联合出版。随着采集工程的不断拓展和深入，将有更多形式的采集成果问世，为社会公众了解老科学家的感人事迹，探索科技人才成长规律，研究中国科技事业的发展历程提供客观翔实的史料支撑。

总序一

中国科学技术协会主席 韩启德

老科学家是共和国建设的重要参与者，也是新中国科技发展历史的亲历者和见证者，他们的学术成长历程生动反映了近现代中国科技事业与科技教育的进展，本身就是新中国科技发展历史的重要组成部分。针对近年来老科学家相继辞世、学术成长资料大量散失的突出问题，中国科协于2009年向国务院提出抢救老科学家学术成长资料的建议，受到国务院领导同志的高度重视和充分肯定，并明确责成中国科协牵头，联合相关部门共同组织实施。根据国务院批复的《老科学家学术成长资料采集工程实施方案》，中国科协联合中组部、教育部、科技部、工业和信息化部、财政部、文化部、国资委、解放军总政治部、中国科学院、中国工程院、国家自然科学基金委员会等11部委共同组成领导小组，从2010年开始组织实施老科学家学术成长资料采集工程。

老科学家学术成长资料采集是一项系统工程，通过文献与口述资料的搜集和整理、录音录像、实物采集等形式，把反映老科学家求学历程、师承关系、科研活动、学术成就等学术成长中关键节点和重要事件的口述资料、实物资料和音像资料完整系统地保存下来，对于充实新中国科技发展的历史文献，理清我国科技界学术传承脉络，探索我国科技发展规律和科技人才成长规律，弘扬我国科技工作者求真务实、无私奉献的精神，在全社会营造爱科学、学科学、用科学的良好氛围，是一件很有意义的事情。采集工程把重点放在年龄在 80 岁以上、学术成长经历丰富的两院院士，以及虽然不是两院院士、但在我国科技事业发展中作出突出贡献的老科技工作者，充分体现了党和国家对老科学家的关心和爱护。

自 2010 年启动实施以来，采集工程以对历史负责、对国家负责、对科技事业负责的精神，开展了一系列工作，获得大量反映老科学家学术成长历程的文字资料、实物资料和音视频资料，其中有一些资料具有很高的史料价值和学术价值，弥足珍贵。

以传记丛书的形式把采集工程的成果展现给社会公众，是采集工程的目标之一，也是社会各界的共同期待。在我看来，这些传记丛书大都是在充分挖掘档案和书信等各种文献资料、与口述访谈相互印证校核、严密考证的基础之上形成的，内中还有许多很有价值的照片、手稿影印件等珍贵图片，基本做到了图文并茂，语言生动，既体现了历史的鲜活，又立体化地刻画了人物，较好地实现了真实性、专业性、可读性的有机统一。通过这套传记丛书，学者能够获得更加丰富扎实的文献依据，公众能够更加系统深入地了解老一辈科学家的成就、贡献、经历和品格，青少年可以更真实地了解科学家、了解科技活动，进而充分激发对科学家职业的浓厚兴趣。

借此机会，向所有接受采集的老科学家及其亲属朋友，向参与采集工程的工作人员和单位，表示衷心感谢。真诚希望这套丛书能够得到学术界的认可和读者的喜爱，希望采集工程能够得到更广泛的关注和支持。我期待并相信，随着时间的流逝，采集工程的成果将以更加丰富多样的形式呈现给社会公众，采集工程的意义也将越来越彰显于天下。

是为序。

总序二

中国科学院院长　白春礼

由国家科教领导小组直接启动，中国科学技术协会和中国科学院等12个部门和单位共同组织实施的老科学家学术成长资料采集工程，是国务院交办的一项重要任务，也是中国科技界的一件大事。值此采集工程传记丛书出版之际，我向采集工程的顺利实施表示热烈祝贺，向参与采集工程的老科学家和工作人员表示衷心感谢！

按照国务院批准实施的《老科学家学术成长资料采集工程实施方案》，开展这一工作的主要目的就是要通过录音录像、实物采集等多种方式，把反映老科学家学术成长历史的重要资料保存下来，丰富新中国科技发展的历史资料，推动形成新中国的学术传统，激发科技工作者的创新热情和创造活力，在全社会营造爱科学、学科学、用科学的良好氛围。通过实施采集工程，系统搜集、整理反映这些老科学家学术成长历程的关键事件、重要节点、学术传承关系等的各类文献、实物和音视频资料，并结合不同时期的社会发展和国际相关学科领域的发展背景加以梳理和研究，不仅有利于深入了解新中国科学发展的进程特别是老科学家所在学科的发展脉络，而且有利于发现老科学家成长成才中的关键人物、关键事件、关键因素，探索和把握高层次人才培养规律和创新人才成长规律，更有利于理清我国科技界学术传承脉络，深入了解我国科学传统的形成过程，在全社会范围内宣传弘扬老科学家的科学思想、卓越贡献和高尚品质，推动社会主义科学文化和创新文化建设。从这个意义上说，采集工程不仅是一项文化工程，更是一项严肃认真的学术建设工作。

中国科学院是科技事业的国家队，也是凝聚和团结广大院士的大家庭。早在1955年，中国科学院选举产生了第一批学部委员，1993年国务院决定中国科学院学部委员改称中国科学院院士。半个多世纪以来，从学部委员到院士，经历了一个艰难的制度化进程，在我国科学事业发展史上书写了浓墨重彩的一笔。在目前已接受采集的老科学家中，有很大一部分即是上个世纪80、90年代当选的中国科学院学部委员、院士，其中既有学科领域的奠基人和开拓者，也有作出过重大科学成就的著名科学家，更有毕生在专门学科领域默默耕耘的一流学者。作为声誉卓著的学术带头人，他们以发展科技、服务国家、造福人民为己任，求真务实、开拓创新，为我国经济建设、社会发展、科技进步和国家安全作出了重要贡献；作为杰出的科学教育家，他们着力培养、大力提携青年人才，在弘扬科学精神、倡树科学理念方面书写了可歌可泣的光辉篇章。他们的学术成就和成长经历既是新中国科技发展的一个缩影，也是国家和社会的宝贵财富。通过采集工程为老科学家树碑立传，不仅对老科学家们的成就和贡献是一份肯定和安慰，也使我们多年的夙愿得偿！

鲁迅说过，"跨过那站着的前人"。过去的辉煌历史是老一辈科学家铸就的，新的历史篇章需要我们来谱写。衷心希望广大科技工作者能够通过"采集工程"的这套老科学家传记丛书和院士丛书等类似著作，深入具体地了解和学习老一辈科学家学术成长历程中的感人事迹和优秀品质；继承和弘扬老一辈科学家求真务实、勇于创新的科学精神，不畏艰险、勇攀高峰的探索精神，团结协作、淡泊名利的团队精神，报效祖国、服务社会的奉献精神，在推动科技发展和创新型国家建设的广阔道路上取得更辉煌的成绩。

总序三

中国工程院院长　周　济

由中国科协联合相关部门共同组织实施的老科学家学术成长资料采集工程，是一项经国务院批准开展的弘扬老一辈科技专家崇高精神、加强科学道德建设的重要工作，也是我国科技界的共同责任。中国工程院作为采集工程领导小组的成员单位，能够直接参与此项工作，深感责任重大、意义非凡。

在新的历史时期，科学技术作为第一生产力，已经日益成为经济社会发展的主要驱动力。科技工作者作为先进生产力的开拓者和先进文化的传播者，在推动科学技术进步和科技事业发展方面发挥着关键的决定的作用。

新中国成立以来，特别是改革开放30多年来，我们国家的工程科技取得了伟大的历史性成就，为祖国的现代化事业作出了巨大的历史性贡献。两弹一星、三峡工程、高速铁路、载人航天、杂交水稻、载人深潜、超级计算机……一项项重大工程为社会主义事业的蓬勃发展和祖国富强书写了浓墨重彩的篇章。

这些伟大的重大工程成就，凝聚和倾注了以钱学森、朱光亚、周光召、侯祥麟、袁隆平等为代表的一代又一代科技专家们的心血和智慧。他们克服重重困难，攻克无数技术难关，潜心开展科技研究，致力推动创新发展，为实现我国工程科技水平大幅提升和国家综合实力显著增强作出了杰出贡献。他们热爱祖国，忠于人民，自觉把个人事业融入到国家建设大局之中，为实现国家富强而不断奋斗；他们求真务实，勇于创新，用科技为中华民族的伟大复兴铸就了辉煌；他们治学严谨，鞠躬尽瘁，具有崇高的科学精神和科学道德，是我们后代学习的楷模。科学家们的一生是一本珍贵的教科书，他们坚定的理想信念和淡泊名利的崇高品格是中华民族自强不息精神的宝贵财富，永远值得后人铭记和敬仰。

通过实施采集工程，把反映老科学家学术成长经历的重要文字资料、实物资料和音像资料保存下来，把他们卓越的技术成就和可贵的精神品质记录下来，并编辑出版他们的学术传记，对于进一步宣传他们为我国科技发展和民族进步作出的不朽功勋，引导青年科技工作者学习继承他们的可贵精神和优秀品质，不断攀登世界科技高峰，推动在全社会弘扬科学精神，营造爱科学、讲科学、学科学、用科学的良好氛围，无疑有着十分重要的意义。

中国工程院是我国工程科技界的最高荣誉性、咨询性学术机构，集中了一大批成就卓著、德高望重的老科技专家。以各种形式把他们的学术成长经历留存下来，为后人提供启迪，为社会提供借鉴，为共和国的科技发展留下一份珍贵资料。这是我们的愿望和责任，也是科技界和全社会的共同期待。

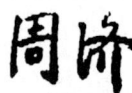

保铮

2013年4月8日,保铮院士学术成长资料采集工作座谈会

2013年10月20日,保铮与采集小组成员合影(后排左起:陈瑞林、刘洋、黄丽萍)

序

时序交迭，万物更新。岁末年初之际，作为后辈和同事，提笔为保铮老师的传记写序，我既荣幸又感恩。

作为一名中国共产党优秀党员、我国雷达技术领域著名科学家、教育家、中国科学院院士、西安电子科技大学原校长，保铮老师一生立德树人，为我国雷达事业发展鞠躬尽瘁。本传记以时间为序，介绍了保铮老师的成长求学经历、工作生活片段、科教研究成就等，以简洁清晰的笔触勾画了保铮老师的道德风貌和宽广视野，让我们详细了解这位雷达界的"裁判长"、"顶天立地"的雷达人。

保铮老师的一生十分不易。他出生在江苏南通的一个书香世家，然而动荡的时局让他的求学之路充满波折。科学救国的热情、对中国共产党的信任，让他在迷茫中找到了方向。在多所著名院校的录取通知中，他选择了地处解放区的大连大学。作为新中国雷达系的第一届毕业生，他师从毕德显先生，毕业后留校工作，开启了与祖国雷达事业相伴成长的不凡的一生。

作为一名"雷达人"，保铮老师始终致力于雷达系统与信号处理方面的科研和教学工作，治学严谨，学术造诣深厚，为我国高等教育和电子科技发展做了大量工作，为中国雷达技术的进步和发展作出了历史性的杰出贡献。他发明的埋地电力电缆故障测试仪，解决了困扰电力行业多年的重大难题；他带领团队突破了雷达数字动目标显示、数字可编程动目标检测、自适应旁瓣相消等技术，使我国雷达技术迈入了数字化时代。尤其是他率先开展了空时二维信号处理理论研究工作，解决了机载预警雷达面临的技术难题并将其广泛应用，为我国机载预警雷达的性能提升作出了重要贡献。他在雷达成像、目标识别技术以及多输入多输出雷达、外辐射源雷达等新体制雷达方面均取得了系统性的研究成果，为雷达技术的发展奠定了深厚的可持续发展基础。由于杰出的贡献，保铮老师获得了全国科学大会奖，国家科学技术进步奖二等奖、三等奖，何梁何利基金科学与技术进步奖，电子工业部科技成果奖和电子工业部科学技术进步奖一等奖等多项荣誉，并于1991年当选为中国科学院学部委员。在取得科技成就的同时，保铮老师在我国雷达技术发展、装备论证战略发展等方面发挥了重要作用，为我国第一部舰载多功能相控阵雷达、第一部远程预警雷达、第一部机载预警雷达等战略装备的立项和研制提供了大量的战略咨询和技术支撑，深受雷达界同行的高度赞誉。

作为一名教育家，保铮老师高度重视人才培养，以身作则、言传身教、桃李满园。他曾说："要给人家一杯水，自己得有一桶水。"从毕业留校担任教师，到成为院士指导研究生，保铮老师不同阶段的学生都对他的授课称赞不已。在指导论文方面，保铮老师也是亲力亲为，让学生们明白写论文的根本目的不在于"发"而在于"用"。保铮老师经常勉励研究团队的年轻人"做科研要耐得住寂寞，坚持自己的研究方向，要做有用的科研"。2019年底，92岁高龄的他卧病在床，仍不忘鼓励研究团队成员"继续努力，做'顶天立地'，既有理论突破又解决实际问题的科研工作"。这也是他一生秉承和践行的信念。

"既要出成果还要出人才"，是保铮老师结合高校教学和科研特点总结出来的经验。在他看来，雷达技术是一门实践性很强的学科，应当更广泛地联系实际，学生们既要有扎实的理论基础，又要有超强的动手能力，还要有发现问题的探索能力。他培养了一大批优秀人才，其中有中国科学院院士、国家杰出青年基金获得者、长江学者等，如今他们也在各自的领域发光发热。

作为西安电子科技大学校长，保铮老师始终坚持"严格、严谨、严密"的办学治学理念，积极倡导教学与科研并重的发展思路，推动学校教学科研管理全面转型，把立德树人作为学校的中心工作，有力推动了学校人才培养和科学研究工作快速发展。在他的领导下，西安电子科技大学从一所技术应用型大学转型为教学研究型大学。这种理念和精神，到今天仍在西电教育工作者身上不断传承和发扬。

工作之外，保铮老师是个宽和低调的人，他严于律己，内心坚定。在人生波折中，他始终坚守自我，虽历经磨难，仍不改初心。在我的记忆中，保铮老师总是在伏案工作，退休后的他仍然坚持科研攻关，自己作演算和作报告。他说："能有机会用自己掌握的知识为社会作贡献，这种满足感是平常人难以体验的。"保铮老师的一生，就是将他早年"科学救国"的理想升华为"走在学科发展前沿、面向国家需求"的具体实践。

这本《铮铮有声：保铮传》的出版，不仅是对保铮老师成就和贡献的总结，更是我和诸多西电人的心愿。"古之立大事者，不惟有超世之才，亦必有坚忍不拔之志。"衷心希望每位读者都可以通过本书得到激励和启发，将保铮老师的科学精神传承下来，有所收获，有所成长。

最后，特别要感谢中国科学技术协会组织实施的老科学家学术成长资料采集工程项目，感谢每一位接受采访的保铮老师的家人、学生、朋友和同事，感谢编撰小组和从事校对的专家学者，感谢提供历史档案资料的各单位，感谢为本书辛勤付出的每一位朋友。

中国科学院院士

2023 年 5 月

目 录

老科学家学术成长资料采集工程简介

总序一························韩启德

总序二························白春礼

总序三························周 济

序··························郝 跃

导 言·························1

| 第一章 | 坎坷少年时·····················5

　　出身书香门第····················5
　　少年保铮······················7
　　科学的启蒙····················9

第二章 风雨求学路 · 12

被四所大学录取 · 12
大连大学 · 14
师恩难忘 · 16

第三章 塞外军中寄青春 · 20

塞外参军 · 20
首届雷达生 · 22
雷达专业的建立 · 23
雷达在中国的发展 · 25

第四章 初展才华 · 27

毕业留校 · 27
实验室工作与教材编写 · 29
讲授雷达接收机 · 33
信息论研究小组 · 34
第一次发表学术论文 · 35
不平等的待遇 · 36

第五章 深自砥砺向前行 · 38

西迁建校 · 38
五楼会战 · 42
研制气象雷达 · 43
组建家庭 · 45

第六章 辗转中琢玉成器 · 47

迁徙重庆 · 47
调回西安 · 48

  "文化大革命"中的重要发明 ··· 52
  开门办学 ·· 57

| 第七章 | 一个自主的开始 ··· 60

  雷达信号处理器方案诞生 ··· 60
  研制动目标显示器 ·· 62
  学院恢复建设 ·· 66

| 第八章 | 敢为人先的开拓者 ··· 71

  研制动目标检测器 ·· 71
  建立学生研究团队 ·· 75
  空时二维雷达信号处理与机载预警雷达 ······················· 78
  春风化雨 ·· 82
  综合脉冲和孔径雷达 ·· 84
  合成孔径雷达成像与逆合成孔径雷达成像 ······················· 89

| 第九章 | 具有科学精神的掌门人 ··· 94

  天降大任 ·· 94
  坚定的改革者 ·· 96
  重托与志向 ·· 103

| 第十章 | 雷达信号处理领域的带头人 ··· 106

  创建雷达信号处理重点实验室 ······························· 106
  "顶天立地"的雷达"裁判" ······························· 109

| 第十一章 | 桃李满天下 ··· 113

  既要出成果还要出人才 ··· 113
  研究生的培养 ·· 115

极具特点的研讨会 …………………………………… 121
　　　传道授业，桃李芬芳 …………………………………… 124
　　　大写的敬畏 …………………………………………… 128

结　语 ……………………………………………………… 134

附录一　保铮年表 ………………………………………… 140

附录二　保铮主要论著目录 ……………………………… 155

参考文献 …………………………………………………… 160

后　记 ……………………………………………………… 162

图片目录

图 1-1　保铮祖父保其寿的著作《碧奈山房集》……………………………6
图 1-2　保铮父亲保洊孙……………………………………………………7
图 1-3　保洊孙创办的《通通日报》………………………………………7
图 1-4　保铮与家人合影……………………………………………………8
图 2-1　大连大学工学院 1949—1950 学年学生名册……………………13
图 2-2　1949 年，保铮在大连大学工学院的学籍表……………………14
图 2-3　毕德显院士…………………………………………………………17
图 2-4　王大珩院士…………………………………………………………18
图 3-1　张家口军委工程学校校园…………………………………………21
图 3-2　麻省理工学院的雷达丛书…………………………………………25
图 3-3　张直中院士…………………………………………………………26
图 4-1　1953 年，保铮在解放军通信工程学院的毕业照………………28
图 4-2　美国 SCR-584 式雷达……………………………………………29
图 4-3　20 世纪 50 年代，解放军通信工程学院的教师们和苏联顾问
　　　　交流…………………………………………………………………31
图 5-1　20 世纪 50 年代的西安南郊文化城………………………………39
图 5-2　1958 年，内迁西安的解放军通信工程学院……………………39
图 5-3　孙俊人院士…………………………………………………………42
图 6-1　1987 年，保铮和毕德显在华清池…………………………………49
图 6-2　726 厂旧址…………………………………………………………57
图 6-3　南泥湾"五七"干校………………………………………………58
图 7-1　LP-23 航管雷达……………………………………………………61
图 7-2　1979 年 12 月，保铮与同事在调试设备…………………………63
图 7-3　彭学愚在整机联调 0.2 微秒数字动目标显示器…………………65
图 7-4　20 世纪 80 年代，保铮为研究生上课……………………………69

图 7-5　保铮在辅导学生 ·· 70
图 8-1　电子工程研究所成立大会 ······································ 71
图 8-2　《雷达成像技术》封面 ·· 91
图 9-1　20 世纪 80 年代，保铮在办公室工作 ······················ 95
图 9-2　1990 年，保铮和杨振宁等交谈 ······························ 97
图 10-1　2008 年 12 月 12 日，保铮与包为民院士合影 ·········· 110
图 11-1　1994 年，西安电子科技大学"211 工程"专家预审会 ··· 118
图 11-2　2007 年 10 月 25 日，保铮在雷达信号处理重点实验室作有关
　　　　MIMO 雷达的报告 ·· 124
图 11-3　2009 年 12 月 10 日，杜兰获得"全国百篇优秀博士学位论文"
　　　　的表彰会 ·· 127

导 言

保铮是中国著名的电子学家。他1927年12月1日出生于江苏南通，1953年毕业于解放军通信工程学院（现西安电子科技大学），1991年当选为中国科学院学部委员（院士），1984—1992年任西安电子科技大学校长，长期从事雷达与信号处理的科研与教学工作。

保铮的个人经历开始为公众所知，缘于近20年来陆续见于报刊、图书中的采访和自述，这些文章介绍了保铮的个人经历、学术贡献、培养研究生的方法和理念等。还有保铮自己写的一些自述文章，如《我在"文革"中的一件技术小发明——电力电缆故障冲击闪络探测法的研究过程》《关于提高研究生培养质量的思考》《满怀感佩忆严师》《孙俊人老师指引我成长》等，对于我们了解保铮的学术生涯和学术思想是很有益的。不过这些采访和自述留给我们的信息还是十分有限的。

在采集工程的支持下，保铮院士学术成长资料采集工作得以开展。2012年4月，由本书作者刘洋（现就职于中国科学院大学）牵头联络，征求保铮院士意见，筹建采集小组。除刘洋外，采集小组的初期成员有保铮院士的秘书陈瑞林老师、中国人民大学档案学硕士黄丽萍等。工作开展后，在西安电子科技大学宣传部强建周部长的支持下，西安电子科技大学宣传部实际上也成了采集小组的成员，在联系采访、协调查阅档案等方面起到了很大作用。

2012年9月，采集工作正式开展。当时保铮院士仍在忙于科研和指导学生。我们的采访打乱了他固有的生活节奏，他仍以谦谦君子之风，尽力配合。特别是2012年以后，保铮院士为腰疾所困，不能久坐，只能在床榻接受采访。他淡泊名利，不愿意将时间和精力放在回顾已有成绩上，在意的是科研上的进取；在接受访谈时，他一再提醒我们要实事求是，千万不要夸大和拔高。保铮院士有问必答，但无长篇大论；只谈自己，不臧否人事；就事论事，不突出个人成就。我们对保铮院士共访谈10余次，历时一年，对其一生经历特别是学术成长的历程有了基本了解；保铮院士儒雅的性格和高尚的情操，更是让我们有敬佩、有感悟、有收获。在西安电子科技大学宣传部、南通市科协等单位的支持和协助下，我们还对保铮院士的家人、同学、同事、学生进行了采访。

采集小组还到保铮院士的出生地南通、求学地大连以及西安电子科技大学档案馆采集档案资料，特别是在保铮院士的办公室中，我们帮助整理了其手稿、信件、证件等资料。西安电子科技大学宣传部提供了其采访保铮院士以及80周年校庆时凤凰卫视采访他的文字整理稿，这些资料对于本书的写作提供了很大帮助。

本书的撰写力求言必有据，所参考的资料主要来源于口述访谈、档案、手稿、信件和公开出版物等。本传记介绍了保铮院士成长、求学、科研、培养人才的经历，以展现他的学术成长历程为核心，其中不只描述保铮院士的人生和学术经历，还试图展现他丰富的精神世界。

第一至三章介绍保铮的家世背景和求学经历。保铮成长于小康之家，受到战争的影响，少年时代颠沛流离，几度逃亡。在南通中学受陆颂石等名师影响，埋下了"科学救国"的种子，无奈其家庭变故和体弱多病，青少年时代历经挫折。考入大连大学工学院，享受供给制待遇，人生境遇有了极大转变；转至张家口军校后，虽生活艰苦但心情愉快，开始显露出在科学上的才华。第四至六章讲述毕业留校以及在"文化大革命"期间的经历。毕业留校后，尽管因家庭出身受到不公正待遇，但他并不气馁，勤勉于基础课教学和编写教材等工作，并开始发表学术论文。保铮在供电局工作期间，还发明了重要的冲击闪络电力电缆故障探测仪。第七、八章讲述保铮从基础课教学转向雷达信号处理系统的专业研究。政治环境宽松后，他在科研、管理、培养人才等方面的才干得以充分发挥，他不为名利所动，专注于雷达信号处理领域的研究和探索，取得了一系列卓越的成果。第九至十一章介绍保铮作为学校校长的"科研与教学并重"的治校理念，作为学科带头人"顶天立地"的科学发展理念，以及培养人才的理念及成果。从校长的岗位退下来后，他将全部精力放在科研和人才培养上，培养了一批优秀的青年人才。

第一章
坎坷少年时

长时间与病痛抗争，两次辍学，家人失联，这些坎坷既让保铮过早地感受到人生艰难，也不断激发他的斗志。

出身书香门第

江风海韵北上海，中国近代第一城。1927年12月1日，中国华东江海交汇的港口城市南通，在当地著名的《通通日报》社长保沄孙家里，出生了一个健康的男婴，父亲为其取名保铮。"铮"字寓意才能突出、刚正不阿，暗含着父亲对这个儿子的希望。保沄孙有十个子女，保铮排行第七。

保铮出身书香门第，母亲孙子嘉读过女子师范学校，是一位开明且严格的母亲。

保铮的祖父保其寿，字稺存，号似仙，在南通历史上是个奇人。保其寿为人耿直、刚正不阿、疾恶如仇，每遇恶霸乡绅欺压百姓，总好打抱不平。他擅长琴棋书画、诗词歌赋，好写回文词，通晓拳技、医术，尤喜天文，好算数。

保其寿的著作《碧奈山房集》中，记载了他研究创造的"立体幻方"，也就是今天大家熟知的魔方的前身。台湾学者李国伟曾在《论保其寿的浑圆图》一文中写道："保其寿的立体幻方，是在数学的层面上讨论立体幻方，虽然他没有把他的立体幻方实物化，但从平面到立体，不能说不是一种进步。"① 幻方或魔方的概念起源于中国古代的《洛书》，保其寿是中国数学史上第一个继承此概念并发明出立体幻方（魔方）的数学家。

图 1-1　保铮祖父保其寿的著作《碧奈山房集》

保铮的父亲保浵孙（1879—1953），年轻时曾考取过秀才，对新学颇有兴趣。保浵孙能书善画，曾自学微积分。② 他早期为南通著名的实业家张謇做事，深得其赏识。

南通，古称通州，辛亥革命后为与河北通州相区别，始称南通。建工厂、兴教育、修道路，得益于张謇的苦心经营，近代工业在这里兴起，城镇体系也逐渐形成，南通也由此被称作"中国近代第一城"。1926年，张謇去世，保浵孙独立创办了《通通日报》。《通通日报》以刊登南通地方事务为主，负责办报的人手不多，却一直坚持出版，直到1937年抗日战争全面爆发后才停刊。

---

① 李国伟：论保其寿的浑圆图.《第一届科学史研讨会汇刊》，1986年副刊，第67-69页。
② 徐统：介绍保其寿和他的《增补法浑圆图》.《中华科技史学会学刊（台湾）》，2009年第13期，第89页。

 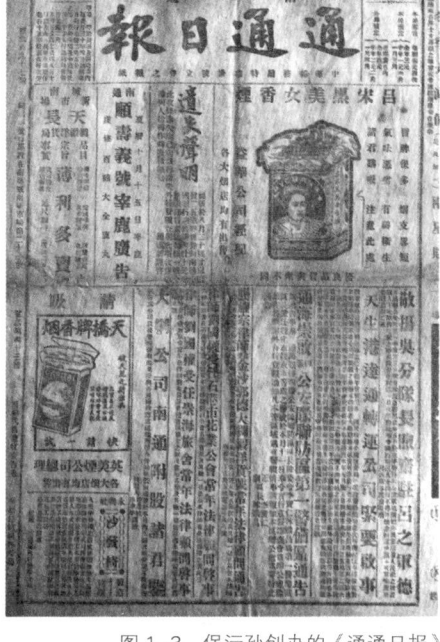

图1-2 保铮父亲保沄孙　　图1-3 保沄孙创办的《通通日报》

少年保铮

1933年9月，6岁的保铮进入南通大王庙小学读书。两年后，又转到城北小学读三年级。

1937年7月，抗日战争全面爆发。8月13日，日军轰炸上海，距离上海仅有100公里的南通也未能幸免。昔日繁华的街巷一片狼藉，人们纷纷逃离城市，保铮也跟随父母逃到乡下避难。半年后，南通局势稍稳，一家人才返回城市。1938年3月23日，南通沦陷，保铮又随母亲逃出南通城避难。这样颠沛流离的生活，让一家人疲惫不堪。

图 1-4 保铮与家人合影（后排右 1 为保沄孙，右 2 为保铮）

1938 年 5 月，由日军扶植的汉奸伪政权"中华民国维新政府江苏省政府"成立。秋天，保铮随母亲返回南通城，进入南通第二小学读五年级。此时，保沄孙的《通通日报》已被迫停刊一年，一家人没有了生活来源。为了养家，在亲戚的鼓动下，保沄孙出任南通公立中学校长一职。

虽然保沄孙在南通地方上有不小的知名度，但其家业并不丰厚，加上子女众多，家庭负担重。因此，他不得不忙于生计，与孩子们在一起的时间并不多。保沄孙对子女的教育非常严格，保家晚饭的餐桌上，孩子们要提前坐好，等待父亲上座后才能开饭，吃饭时也不能随便讲话。严格的家教对保铮和兄弟姐妹们的一生产生了很大的影响。

科学的启蒙

1939年9月，12岁的保铮没有继续读小学六年级，而是跳级进入父亲任职的南通公立中学读初中一年级。当时的保铮并不是个安分守己的乖孩子，课堂对他的吸引力不大，经常逃课。初中刚读了一个学期，又因病休学一年。不完整的学业，加上少年顽皮好动的个性，保铮初中的课业成绩实在令人失望。不过，他在很小的时候就显露出了不同寻常的数学天赋。一次晚饭后，保铮与父亲散步，父亲问他："月亮每天都要晚些时候升起来，你说大概晚多少？"保铮很快回答："是48分钟。"父亲听后说道："这个老七好像还不错。"[①]

作为校长的保沄孙不大约束孩子们的自由秉性，在学校，教育子女的权利完全下放给了老师们。初中快毕业的时候，同学们都在上课，保铮仍然逃课到校外嬉戏，抓鸟、抓青蛙，玩得不亦乐乎。一次班会上，辅导员顾浩如点名批评了保铮，说他是个"稀里糊涂的人"，并告诫保铮如果他一直是这样的学习态度，将来不会有什么大出息。顾老师的话如当头棒喝，极大地刺激了保铮的自尊心。[②]自那以后，保铮的学习态度发生了巨大的转变。

上高中后，保铮开始将心思放在学业上，他对数学（尤其是平面几何）和物理的兴趣逐渐显露出来。当时，国内很难买到数学方面的参考书，保铮看的大多是从父亲书房里翻出来的旧书（应该是祖父保其寿的私藏）。这些书很难读懂，许多公式的写法也不同，这反而激发了他的探究精神。家学的传承，让保铮在数学上的优势日渐凸显。1943年，在南通公立中学高中部三个年级的数学联赛中，读高二的保铮取得了全校第一的成绩。

南通公立中学的课程设置较全面，有公民、国文、数学、应用文、历

---

① 保铮访谈，2012年9月2日，西安。资料存于采集工程数据库。

② 同①。

史、地理、理化、生物、日语／英语、美术、体育等。传统国文和新式西学的交叉授课，加上一批非常有学识和抱负的教师的影响，对保铮早期的人生观和价值观的形成起到了关键的作用。

保铮在求学道路上遇到了几位对他影响很大的师长，其中一位就是他的高中数学老师陆颂石，保铮出色的数学成绩跟他有着很大关系。不同于填鸭式的教学方法机械灌输，他总是引导学生们思考，因此他的数学课上学生们总是很活跃。在一次科普演讲中，陆颂石老师说："我们这种搞科学的人，就要有几股'傻气'才好。你们已经有了一些'傻气'，比如，现在春暖花开，风和日丽，为什么不去逛公园，而到这里来听我的报告？"[①]这里的"傻气"，实际上就是献身精神。陆颂石的这番话让保铮醍醐灌顶，这股子"傻气"也伴随了他的一生。

1944年，保铮升入高三。因为南通是沦陷区，即便高中毕业也没有大学可上。在这样的局面下，高三第一学期结束，保铮就考入了私立河海工程专门学校。

私立河海工程专门学校由南通大生纺织公司拨款设立，目的是培养高级河海工程专门人才，特别是为"在南通到海门间开运河"而储备人才。[②] 1944年10月，私立河海工程专门学校开学，名义上是学校，实际只有几十个学生。保铮在这里学习与水利相关的数学、物理、测量等知识。

1945年9月，私立河海工程专门学校因故停办，保铮的第一段大学生涯宣告结束。那年他18岁，身体却又一次出了状况。连续不断的咳嗽、痰血，让一家人慌了手脚，医院诊断为肺结核，要求他在家卧床休息。从1945年到1947年，保铮整整在病榻上躺了两年，他一边养病，一边读书，主要学习大学的普通物理和微积分课程。[③]

1947年，保铮的大哥保成要到台湾发展，父亲保沄孙与部分子女一同前往，病中的保铮与母亲孙子嘉、姐姐保芷、弟弟保启和保烽留在南通。

---

① 保铮访谈，2012年9月2日，西安。资料存于采集工程数据库。

② 同①。

③ 保烽访谈，2013年4月8日，西安。存地同①。

保沄孙原本打算在台湾安顿妥当后,再接其他家人过去团聚,谁知造化弄人,短暂分离却成了永别。

保沄孙的离开,让留在南通的一家人没有了生活来源,孙子嘉带着姐弟四人艰难度日。因为没钱买药,保铮只能咬牙硬扛。① 在家人的精心照顾下,身体总算慢慢地好了起来。

然而,命运似乎总和他开玩笑。

1948年,大病初愈的保铮决心报考大学,却又突患甲型肝炎。所幸南通学院(现南通大学)招生较晚,保铮赶上了考试。9月,保铮被南通学院纺织专业录取,但因为对纺织并不感兴趣,读了一个学期就辍学了。

几年来与病痛的抗争、两次辍学的经历,既让保铮过早地感受到人生的艰难,也激发他的斗志。考入向往的高等学府,追寻心中梦想的科学殿堂,成为他奋斗的方向。

终于,命运眷顾了这个体弱的青年。1949年秋,22岁的保铮被包括清华大学在内的四所大学录取。因为负担不起清华大学的学费,保铮选择进入公办的大连大学读书,没想到这个当时看来有些遗憾的选择却指引他走上了一条不平凡的道路。

海峡两岸的一家人,在后来若干年里没有再见过面。"文化大革命"时期,保家因为这层关系而备受煎熬。1953年,保沄孙在台湾去世,享年74岁。彼时,儿子保铮已离开南通4年。

---

① 保烽访谈,2013年4月8日,西安。资料存于采集工程数据库。

第二章
风雨求学路

共产党和人民政府使我看到了光明，看到了希望，相信在解放区建立的大学里，我能学到更多的东西。

被四所大学录取

每当提起大连，保铮总是非常兴奋。

1948年，21岁的保铮虽然顺利考取了南通学院的纺织专业，但学校氛围和学科方向并不是他心中所想。次年，他主动提出辍学，重新参加考试，先后报考了大连大学、清华大学、上海交通大学和唐山工学院四所院校。1949年夏，保铮以优异的成绩通过了四所院校的录取考试，在他面前，一下多出了四个选择。

一个病弱的少年，经过许多坎坷，没有父亲的庇护，在人生中重要的选择时刻无人能替他做主。生活的艰难、身体的病痛，历练了保铮坚韧独立的性格。经过权衡，他没有选择最负盛名的清华大学，也没有选择距离南通很近的上海交通大学，而是选择了远在东北的大连大学。

这样的选择是必然的，一是从高中开始，我就有一种"科学救国"的热情，但当时面对残酷的现实又感到前途渺茫。家乡解放虽只有半年多，共产党和人民政府使我看到了光明，看到了希望，相信在解放区建立的大学里，我能学到更多的东西。二是大连大学有一批名师，都是在解放军渡江前，辗转进入解放区的。此外，家庭经济困难也是个原因，因为大连大学的学生可享受供给制待遇。①

大连大学彼时刚刚成立，在北京和上海地区招生，上海《解放日报》专门刊登文章，介绍学校概况。华东地区的学生了解到大连大学实行供给制，又向往老解放区，报名十分踊跃，保铮就是其中之一。这次招生，在北京、上海两地共招收新生490名，其中15%的人曾经上过大学一年级至三年级，整体学生素质比较高。

1949年9月19日，保铮与同学们一道乘火车离开上海，踏上了北上的征途。他们原计划从天津乘船去大连，为

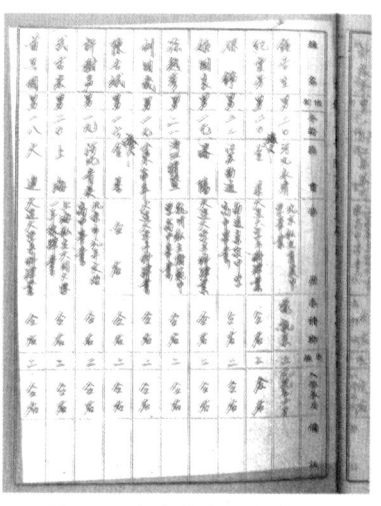

图2-1 大连大学工学院1949—1950学年学生名册

避开国民党飞机的轰炸，只好改为乘坐火车。学生们上车后，每天能领到充裕的生活费。由于当时各地的货币还不统一，学生们在山海关和瓦房店分别兑换了东北币和关东币。经过十天十夜，于9月29日抵达大连。

两天后的10月1日，首都北京举行了隆重的开国大典，毛泽东主席在天安门城楼上庄严地向全世界宣告中华人民共和国的成立。

这一天，保铮与同学们一起到大连的斯大林广场（现大连人民广场）参加新中国建国庆祝大会，收听了开国典礼的实况广播。在广场庆祝的人群中，22岁的保铮被群众的欢呼声和鲜红的旗帜包围着，内心无比激

---

① 保铮：努力学习继往开来。见：中国科学院院士工作局编，《科学的道路：下卷》。上海：上海教育出版社，2005年，第1735页。

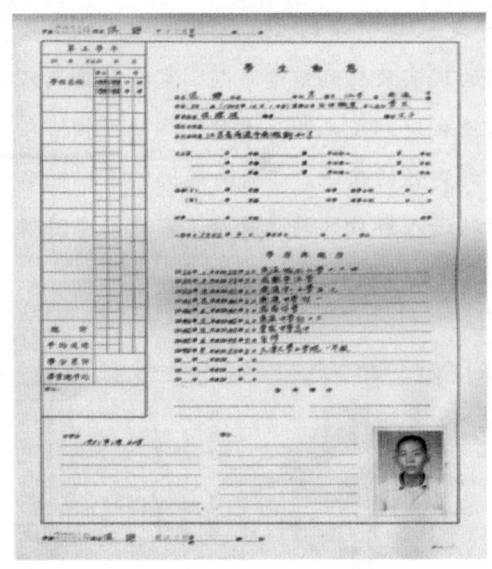

图 2-2 1949 年，保铮在大连大学工学院的学籍表

动。他意识到，自己和新中国一起，正站在新征程的起点上。幼时家乡被日军轰炸后的惨状，身处故土却被迫逃难的狼狈，在侵略者逼视中生生咽下赤子之声的时刻，从今往后都不会再有。这时，他想起中学时期同学们的议论——"中国人被侵略、受欺负，还是吃了科学技术落后的亏"。那一刻，这个早就怀着"科学救国"梦想的年轻学子，更加坚定了自己未来的志向。

入学后，新生们首先进行了两个多月的政治学习，随后按专业分系学习。1950 年 1 月，从北京、上海考入大连大学的学生被分到各系，与当地学生统一编班上课，保铮和其他来自上海考区的戴树荪、强伯涵、赵树芑等同学被分在电讯系，正式成为大连大学工学院 462 名本科生的一分子。

大 连 大 学

1945 年 8 月，日本宣布无条件投降，苏联红军进驻旅顺、大连。10 月，中共中央东北局在旅大建立起党的政府组织，大连成为中共最早解放的大城市之一。

大连地处辽东半岛南端，西濒渤海，东临黄海，与山东半岛隔海相望，是中国北方最大的港口城市。优越的地理位置和安定的环境，使得大连成为解放战争时中共的一个后方基地。1946 年 9 月—1948 年 9 月，旅大建国学院、关东工业专门学校、关东电气工业专门学校、关东医学院、关东文法专门学校和俄语专门学校六所高等院校先后在大连创办。其中，关东电气工业专门学校的创建为大连大学的创办打下了基础。关东电气工业专门学校创建于1946年底，是解放军创立的一所培养电讯工程技术干部的高等学校，由东北军区司令部通讯处处长段子俊[①]担任校长，下设工程、机务、报务三个系，包括数学、物理、电子、电力等专业。

1947年冬，在香港工作的沈其震[②]回大陆汇报工作，途经大连时，苏军驻守下的大连环境安定，给他留下了深刻印象。到哈尔滨后，沈其震向周恩来汇报工作，提出了在大连办大学的建议。1948年秋，中共旅大地委向东北局递交了一份关于在大连创办一所大学的请示，提出"旅大现处于战争中相对和平环境，创办大学的物质条件（校舍、图书、实验设备）是具备的，工厂尤多，尤便实习"，这所大学"以现有之工专、医学院、电专为基础，先开办医、工两（学）院，建立正规学制"；同时提到，苏军对于在大连办大学一事态度"甚为坚决"，并愿从物资、技术、教材等方面积极协助。此后，旅大地委又向东北局作补充报告，并提出"大学名称拟为'大连大学'"。

11月2日，大连大学筹备委员会成立。[③]当时确定，以关东工业专门学校、关东电气工业专门学校为基础，组成大连大学工学院。派屈伯川[④]带领20名学生，接收原属于中长铁路的南满铁路株式会社中央试验所，作为大学的科研机构（即现在的中国科学院大连化学物理研究所前身）；以关东医学院为基础，组成大连大学医学院，并接收原关东医院为其附属实习医院；以俄语专门学校为基础，组成俄语专修科；同时，还接收了中长铁路的卫生研究所。[⑤]在筹备之时，工学院只有21位教授，且三分之二为日籍教师，他们不久就要被遣送回国。因此，招聘德才兼备的教师是筹办

[①] 段子俊（1913—2006），河南济源人，曾任第二机械工业部第四局副局长、第三机械工业部副部长、党组副书记等职。

[②] 沈其震（1906—1993），湖南长沙人，曾任大连医学院院长、中央卫生研究院院长、中国医学科学院副院长、农工民主党中央副主席等职，1955年当选为中国科学院学部委员。

[③] 孙懋德：《大连理工大学五十年纪事》。大连：大连理工大学出版社，1999年，第4页。

[④] 屈伯川（1909—1997），四川泸县人，大连理工大学主要创始人，延安自然科学院创始人之一。

[⑤] 同③。

第二章 风雨求学路

大连大学的重要任务。

大连大学的筹备，也是共产党争夺科技人才的一个支点。当时正值国共两军决战时刻，如何吸引爱国的科技人才是共产党的一个重要考虑。为了满足大连大学建校的需要，中央把创办大连大学的提议者、曾经从事过知识分子联络工作的沈其震调到大连大学，并派他前往香港招聘教师。1948年冬，沈其震回到香港并成立京华公司，用于招揽人才。通过沈其益、严希纯等人的帮助，沈其震秘密招聘了一批支持共产党、愿意到解放区工作的人才，分批从香港乘船到朝鲜，经沈阳到大连。北京、上海相继解放后，学校又派出范大因、雷天岳等人前去招聘教师。经过一年多的努力，校方共在关内招聘到教师93人。毕德显、王大珩就是这批教师中的卓越人才。

1949年3月15日，大连大学成立。大连区党委副书记、旅大行署（市政府）副主席李一氓兼任大连大学校长，屈伯川担任工学院院长和化学研究所所长，沈其震任医学院院长。4月15日，大连大学举行创校典礼。在大连大学建校时期，工学院共有8个系，分别是电机工程系、电讯工程系、机械工程系、土木工程系、冶金工程系、化学工程系、应用物理系、应用数学系。1950年7月6日，大连大学建制取消，大连大学工学院独立为大连工学院。1988年，大连工学院更名为大连理工大学。

师 恩 难 忘

保铮在大连大学期间，对他影响最大的一位老师是毕德显。

毕德显（1908—1992），山东平阴人，电子学家、教育家、中国科学院院士，中国雷达工程专业的主要创始人，中国电子学界中最早进行信息论在雷达和通信中应用的研究者。1944年，毕德显获得美国加州理工学院物理系博士学位后回国，任教于南京中央大学物理系。1949年，毕德显拒绝了南京国民政府要他去台湾的要求，接受了共产党地下组织发出的去东北解放区任教的邀请，毅然奔赴大连，担任大连大学电机系和电讯系的系主任。毕德显被称为"学术上的活字典"，被誉为"科学道路上一颗晶莹的铺路石"。他一生默默耕耘，著作甚丰，桃李满园。

图 2-3　毕德显院士

大学期间，保铮是普通物理和电磁场理论课程的课代表，这两门课都是毕德显老师教授的。在保铮的印象里，毕德显十分平易近人，经常和学生讨论问题，启发学生的思路。毕德显对问题的阐述很深刻，使保铮大开眼界。如果有学生提出新的想法，毕德显总是予以鼓励，不否定，也不急于给出答案，而是发动大家讨论、补充、修正，直到得出正确的结论。

保铮在南通养病期间，曾自学普通物理和微积分，但始终无法深刻理解书上的内容。听了毕德显讲授的普通物理课后，他豁然开朗，改变了自己的学习方式，从此上课时不记笔记、专心听讲，下课后借助参考书对一些重要概念加深理解、深入思考。课下，同学之间也经常就学业上的问题进行讨论，许多知识、概念就是在讨论中搞清楚的。[1]

大学期间，物理是一门比较难的课程。保铮所在的电讯系是全校物理成绩最好的，可物理考试平均分也只有 60 多分。不过，保铮的物理成绩一直保持在 90 分以上。[2] 这是由于他有一套自己的学习方法。"碰到任何事情都要问一个为什么"是保铮思考问题的一个重要特点。对于物理课本上的定理，他会按照自己的理解证明一遍，即便那些偶尔出现的定理也不例外，这个过程深化了他对概念的理解。

在一次物理测验中，毕德显给学生们出了一个关于动量守恒定律的题目，大意是说一个球向下降，另一个球向上冲，求解两球撞击之后的速度。同学们大多按照两球水平撞击来求解，保铮意识到垂直撞击与水平撞

---

[1]　保铮：满怀感佩忆严师。见：江苏省文史资料委员会编，《智慧之光：南通籍院士风采录》。江苏文史资料编辑部，1999 年，第 194 页。

[2]　保铮访谈，2012 年 11 月 25 日，西安。资料存于采集工程数据库。

击之间的差异，便把重力的因素也考虑在内。在保铮和同学们当时的知识结构中，垂直撞击的动量问题没有现成的公式可用。根据自己对力学的理解，保铮推导出一个公式，解决了问题。后来，他把自己解答问题的思路讲给毕德显，毕老师还因此发觉了自己题目设计上的不足。因为学习成果得到了毕老师的肯定，保铮大受鼓舞。

好学深思的学习习惯和心无旁骛的"学痴"秉性，使保铮在同学中名气不小。一次，在一堂应用力学课上，助教出了一道很难的题目，让同学们用一堂课的时间讨论如何求解。没想到，保铮没花多长时间就给出了解答，搞得助教老师有些尴尬。课后，有同学善意地提醒保铮，这样做打乱了助教的教学安排，保铮听了只是笑笑：一个好钻研的"学痴"遇到了难题，哪还顾得了那么多呢？

大学期间，王大珩先生的实验课也让保铮记忆深刻、受益颇多。

图 2-4　王大珩院士

王大珩（1915—2011），江苏吴县人，生于日本东京。1936 年毕业于清华大学物理系。1938 年赴英国留学，先后就读于伦敦帝国理工学院、谢菲尔德大学。1948 年回国。他是"两弹一星功勋奖章"获得者，著名光学家，中国近代光学工程的重要学术奠基人、开拓者和组织领导者，杰出的战略科学家、教育家，大连理工大学创始人之一，被誉为"中国光学之父"。

当时，王大珩是物理系主任，负责实验室。他总是亲自指导"碰撞"的力学实验，对学生要求非常严格。因此，学生里流传着"难过碰撞关"的说法。学生做实验时，王大珩在实验室寸步不离，但从来不干预学生。实验做完后，学生把实验记录交给指导老师审查，老师签字认可后才算完成。物理实验总是安排在每周六下午。因为周六晚上学校会放映电影，所以学生们都想尽快完成实验去看电影。要是星期六下午四小时内做不完实验，晚饭时间就要推迟；要是过了晚饭时间还做不完，电影就看不成了。到了星期天，学生们总会相互寒暄："昨天晚上吃上晚饭了吗？看到电影没有？"①

在这些先生们的培养和教导下，同学们在后来的工作中都十分重视实践，具有很强的实际工作能力。这与在校期间养成的严谨作风和实验中练就的动手能力有很大关系。

1951年冬，一个重大消息在校园里炸了锅——工学院电讯系将要集体参军、并入张家口军委工程学校。当时，中国人民志愿军赴朝作战已经一年，学生们都认为这是保家卫国的需要，青年学生报国热情很高，参军更是求之不得的一件事。

不久，时任张家口军委工程学校一部主任孙俊人②来学院作了动员报告，并深入师生当中，了解思想动态，做思想动员工作。一天，孙俊人来到保铮所在的宿舍，介绍军校学生的学习和生活。孙俊人说："张家口的条件很艰苦，希望同学们能够在艰苦条件下锻炼成长。"当时，大连大学的学生宿舍也是自习室，几人一间的男生宿舍大多不会很整齐。保铮和几个同学想和孙主任套套近乎，就请孙俊人说说对他们宿舍的印象。孙主任直言不讳地说："房子不错，至于生活管理，说客气些，不怎么样；说老实话，很糟糕。你们到张家口后会看到，虽然房子很简陋，但内务管理井井有条。"

孙主任勉励同学们，要克服自由散漫的习气，加强纪律性、组织性的锻炼。保铮把此次晤谈看作是"参军前接受的第一堂革命传统教育课"。孙俊人和蔼又严格的军人气质给保铮留下了深刻的印象。③

不久，保铮在恩师毕德显的带领下，和电讯系的同学们集体参军，远赴张家口。

---

① 保铮：满怀感佩忆严师。见：江苏省文史资料委员会编，《智慧之光：南通籍院士风采录》。江苏文史资料编辑部，1999年，第194页。

② 孙俊人（1915-2001），江苏松江人，中国军事电子科研和教育事业的重要创建人和开拓者之一，电子工程专家，中国工程院院士。

③ 保铮：孙俊人老师指引我成长。2001年1月25日，未刊稿。资料存于采集工程数据库。

第三章
塞外军中寄青春

多年后，同学聚会谈起当年的生活和学习，保铮感慨："回味无穷！"

塞 外 参 军

1952年2月29日，大连工学院电讯系211名师生来到张家口军委工程学校（简称军委工校），开启了他们的军旅生涯。这一批人中，教师24人，学生187人。

张家口军委工程学校还有一个名称叫作中央军委机要通信干部学校，是中央人民政府革命军事委员会工程学校的简称。这是一所培养通信、外语和机要工程人才的学校，属中央军委，1949年以华北军区电讯工程专科学校为基础扩建于张家口，首任校长兼政治委员是曾经担任过第一机械工业部副部长的曹祥仁。学校有通信、外语和机要三个专业，分设为三部，各部为独立教学单位，主要招收高中以上文化程度的青年学生。1952年7月，学校第一部在原址改建为中国人民解放军通信工程学院；第二部迁至北京并入技术部干部学校；第三部与东北军区司令部机要处训练队合并，在长春成立中央人民政府革命军事委员会机要青年干部学校。

张家口地处塞外，冬季寒冷漫长；春天风沙大，气候干燥；夏天时间短，天气炎热，很少下雨；只有秋天还算舒服，冷暖适中，天总是晴朗的。保铮身体本就羸弱，再加上从小在温和湿润的南通长大，很难适应张家口恶劣的天气，不久就病倒了。

图3-1　张家口军委工程学校校园

除天气外，学校的地理环境也十分恶劣。学校建在张家口东山坡上，不仅有日本人留下的兵营，还有国民党军队驻扎过的痕迹。初建时，学校没有一条像样的马路，杂草丛生，一片断壁残垣；因为没有围墙，还要想办法对付东山坡上出没的野狼。

虽然孙俊人老师出发前就给这些年轻人打过"预防针"，但条件的艰苦程度还是超出了大家的想象。

当时，教员们居住在原日本军营，条件并不好，但相比之下也堪称"高级住宅"了。有天半夜，陈太一老师睡得迷迷糊糊，忽听见耳朵边"吱吱"的叫声，一睁眼，竟发现一只耗子！吓得他一把抓住耗子摔到地上，顿时睡意全无。原来是气温太低，连耗子都冷得受不了，躲到他耳边来取暖。[①]

学生宿舍的条件更加艰苦，一间小房，十多个人挤在两张木炕上，晚上睡觉几乎不能翻身。厕所在室外，离宿舍四五十米远，学生们夜间如厕必须忍着最低可达零下20多度的低温和刺骨的寒风，裹着皮大衣依然冻

---

① 陈太一：《陈太一文集》。西安：西安电子科技大学出版社，1996年，第76页。

得浑身打颤。冬天,室内的水管常被冻住,洗衣服和烧开水都成了很困难的事情。

当时,军校供给的主食是高粱和小米。学校没有像样的食堂,大家就在室外围在一起"席地而蹲"吃饭。塞外风沙大,一阵大风吹过,碗里就是一层沙土。

与艰苦的环境作斗争,成了这批师生要打的第一仗。

首届雷达生

军委工校按教学性质分为三个部:一部培养电讯人才,二部培养情报人才,三部培养机要人才。[①]

1952年5月19日,中央军委发出通知,成立中国人民解放军通信工程学院。随后,学院筹备处成立,各个班都变成了系,学校开始向正规的大学过渡。当时解放军通信工程学院有无线系、有线系、报务系,除此之外还成立了雷达系。

解放军通信工程学院改建以后确定的任务是:培养师级通信主任,培养无线电、有线电、雷达等领域的工程师。1953年2月的学院党代表会议提出,学院的任务是"建设一个适应于正规化、现代化国防通信部队建设的,比较高级的军事学校,以培养各兵种协同作战的通信指挥干部与军事通信工程技术干部为自己的责任",提出"一切以教学为中心,努力提高教学质量"的方针。

在解放军通信工程学院雷达系成立之前,中国的大学里没有雷达专业,至多是一些电讯系的课程与雷达专业的基础课有相通之处。不过,雷达系与电讯系有很大不同,早期电讯专业与电力专业都属于电机系,雷达工程系却是按设备分科,培养的人才直接为雷达维护与使用服务。

[①] 李立、董建中:《光辉历程:第三册》。西安:陕西人民出版社,2006年,第371页。

雷达系一成立，这批大连工学院电讯系的学生就转入了该系。以大连工学院的三个班为基础，把学生编为三个年级。保铮所在的班是第一届雷达生，他被分配到三年级，学号2173。

1952年11月，张家口军委工程学校正式改制为中国人民解放军通信工程学院。1953年7月，保铮从解放军通信工程学院雷达系毕业，并留校工作。

雷达专业的建立

> 雷达新华奠基人，此中泰斗五湖闻。
> 国防电子从头越，高瞻前沿抓育英。
> 逆境临身无反顾，能才遍播在军民。
> 鞠躬尽瘁死而已，留得贤风世代存。
>
> ——孙俊人

说到我国第一个雷达专业的建立，毕德显是不可不提的一个人。1952年2月，44岁的毕德显带着大连工学院电讯系全系师生离开了风光秀丽的海滨城市大连，来到沙飞石走的塞外重镇张家口，投身到建设国防通信现代化的行列中。当时抗美援朝刚刚开始，军委在沈阳组建了一个雷达团，但国家却没有一所培养雷达技术人才的学校。毕德显便向孙俊人建议在学校创办一个雷达工程专业，两人一拍即合。不久，学校就把这个建议报送上级，军委很快就同意了。

不久，雷达工程系宣告成立，毕德显被任命为雷达教授会主任。当时从大连工学院过来与他共进退的元老个个了得：吴鸿适教授，微波电子学家，美国留学博士；朱曾赏教授，通信专家，美国留学硕士；胡征教授，通信专家，美国留学硕士；周光耀教授，微波电子学家，美国留学硕士，有"上海交通大学神童"之誉；李祖承教授，雷达专家，英国深造回国。第一代创业者中的第二梯队包括黄玉珩、郑还、蔡希尧、张莱等，多是来自中央大学和浙江大学的高才生。

毕德显和他的战友们，就这样开始了新中国雷达工程专业的艰难起步。

受益于在美国斯坦福大学和加州理工学院的学习经历，毕德显参照这两所学校的雷达课程设计了军委工校的课程体系。雷达专业当时使用的教材是麻省理工学院辐射实验室编写的一套巨型丛书。为了买到这套书籍，毕德显动用了自己在美国的关系。毕德显组织教员在翻译、消化这套丛书的过程中，逐渐地形成了雷达专业自己的教案，并不断充实。[①]

毕德显对雷达工程系的课程设置和教学思路，一方面从顶层设计的高度，分析雷达技术、工程的知识体系结构，制定先进的教学计划；一方面亲自参加教学实践，打好基础。在雷达工程系创建过程中，他投入大量精力培养师资与引进新理论。[②]

雷达专业刚刚起步，在讲义编写、教学等方面都属于开创阶段。教师给这一届学生讲授雷达专业课时，还没有细分为独立的专业课程，而是按一门"大课"统一讲授。当然，讲授这门"大课"也有分工：毕德显讲天线理论，吴鸿适讲微波电子学，周光耀讲微波原理，李祖承讲雷达接收机，黄玉珩讲雷达基础等课程。1953年，第二届雷达生开始上专业课，雷达专业的"大课"才开始细分为许多独立的专业课程。

孙俊人在后来的一篇文章中这样评价毕德显："他是第一个在高等学府创建雷达专业的人。这件事对我国、我军雷达事业发展有着深远的意义。他是我国、我军雷达教育事业的奠基人。"在孙俊人看来，雷达系统的科技水平如何，是衡量一国军事装备水平的一个突出而且重要的标志；也正因如此，孙俊人把毕德显对中国雷达事业的贡献称为"我国军事史中的伟大事件"。[③]

仅在张家口时期，这个专业就培养出了一大批将军和著名专家，保铮就是其中一位。

[①] 杨学生，卫亚伟，余光烈：《毕德显》。北京：中国科学技术出版社，2002年，第71页。
[②] 同①，第202页。
[③] 同①，第197页。

雷达在中国的发展

通俗地讲,早期的雷达可以简短地定义为一种利用无线电波以确定空中目标物位置与已知点间关系的方法。雷达的组成包括发射机、发射天线、接收天线、接收机、显示器五个部分。

1936年1月,雷达第一次在作战中被使用。一开始,雷达的用途是在飞机来袭时警戒并给舰船提供警报。战争爆发后,雷达在实际中的表现已经非常好了,它不但探测到了敌机,还能够追踪敌机的航线并测出速度,提供目标高度。第二次世界大战中,雷达技术得到迅速发展,逐渐成为军事领域的重要技术。

第二次世界大战后,美国麻省理工学院辐射实验室汇集各方面专家,总结战时雷达研制经验,于1950年前后出版了雷达丛书,共28本。这套丛书的出版,大幅推动了雷达技术的发展和扩散,中国从中受益匪浅。

张直中是中国接触雷达技术最早的人之一。1945年2月,张直中、黄松、陈祖商作为访问学者,到英国莱斯特大学学习超高频技术和雷达技术。约一年后,黄松和陈祖商先回国,张直中则被安排到皇家通信工程兵学院学习雷达和超高频技术。回国后,张直中在重庆大学开设无线电原理和无线电测量两门课程,还自编讲义,向学生介绍英国电气方面的最新技术。[1]

图 3-2　麻省理工学院的雷达丛书

---

[1] 张直中,钱永红:《雷达人生——张直中口述自传》。长沙:湖南教育出版社,2013年。

图 3-3 张直中院士

第二次世界大战期间，麻省理工学院辐射实验室成为雷达研究的重镇。让人欣慰的是，辐射实验室忙碌的人群中，还有中国人的身影。其中著名的科学家有：孟昭英，1944年在辐射实验室研究战时需要的发射-接收开关；葛庭燧，1943—1945年在辐射实验室从事远程雷达发射和接收两用天线自动开关的研究。

中国最早的雷达研究所应该是由国民政府国防部第六厅于1946年11月建立的特种电讯器材修理所。修理所分为台区所（台北）和京区所（南京）两处，主要任务是接收和修理第二次世界大战期间日本遗留在中国的100多部雷达。1948年11月，特种电讯器材修理所改编为雷达研究所。

1950年4月，依靠雷达研究所留下的技术人才，中国第一支雷达部队——电讯大队（后改为雷达第101营）组建起来。该研究所修复的10台日、美米波对空警戒雷达布设在辽东半岛和鸭绿江边，组成防空雷达网。

在雷达知识的传播方面，张直中于1948年在《联勤学术研究季刊》创刊号上撰文，详细介绍了英国研制的探照灯雷达。同年，《科学世界》推出的"雷达专号"，极大地推动了雷达知识在社会上的广泛传播，毕德显曾是这个专号的主编之一。

第四章
初展才华

在后来的工作中，别人认为我解决实际问题能力较强，这固然是由于我一直没有离开实际工作，也与刚参加工作时，长期泡在实验室打下的坚实基础分不开。

毕 业 留 校

1953年，新中国的第一个五年计划开局，百废待兴的国家急需建设者。

大连工学院电讯系三个年级的学生到张家口参军后不久，就有同学复员转业，保铮所在的班级也转走了五名同学。虽然学院没有明说，但保铮暗暗猜测这批学生是因政审不合格而转学的。想到自己家里和台湾的关系，保铮猜想自己的政审一定也是不合格的，早晚也要转学。1953年7月，保铮从解放军通信工程学院雷达系毕业，并顺利留校工作，这让他非常讶异。

我们可以从解放军通信工程学院1953年的优秀毕业生名单中推测出保铮留校的主要原因。这一年只有三名学生获得优秀毕业生一等奖，保铮

图 4-1　1953年，保铮在解放军通信工程学院的毕业照

就是其中之一。不过，家庭关系终究还是影响了保铮后来很长一段时间的发展。

和保铮一起留校的同学大都分在雷达教授会。这是一个由六七名教员组成的教学组织，主要讲授雷达的基础理论，包括脉冲电路、雷达原理、指示设备、发射设备、接收设备等课程。

不久，雷达教授会一分为二：一个是雷达军用机教授会，主任是老干部赵干青，副主任是中央大学毕业的郑还；另一个是雷达基础教授会，主任是毕德显，主要负责讲授雷达专业的一些基础课。

成绩优异的保铮原本被分配到雷达军用机教授会，并已经开始工作。可一个多月后，学院突然通知他留在雷达基础教授会。个中缘由，不得不提到当时我国的处境。新中国诞生不久，盘踞在台湾和沿海岛屿上虎视眈眈的国民党部队不断突袭我国沿海城市，因此迫切需要雷达设备保障国土安全。再加上抗美援朝时，雷达器材在前方发挥了重要的警戒监控作用，国家因此对雷达事业提供了人力、物力方面的大力支持。考虑到军用机教授会可以接触到涉密的雷达设备，组织对其人员构成持有非常谨慎的态度。分配在雷达军用机教授会的教员，不仅要专业过硬，还要求在政审上没有任何问题。因此，保铮一直担心的家庭问题终于还是影响到了他的工作。

不过，学术研究的界限并没有那么教条。那时，我国的雷达发展以仿制苏式雷达产品为主。一次，雷达军用机教授会从苏联新进口了一部警戒雷达和一部炮瞄雷达。因为是军事机密，基础教授会的教员如毕德显、保铮、张以杰等人都不能接触。苏联炮瞄雷达是美国 SCR-584 式雷达的翻版，基础教授会的张以杰曾看过 SCR-584 的说明书，所以军用机教授会的教员也会找张以杰请教问题。这样的研究交流在当时的教授会里成为一种常态。

相比之下，军用机教授会的教员能接触到实际的应用领域，可以在教学的同时开展科研工作，而保铮没有接触军用雷达的资格，也就没有办法参与真正的科研工作。保铮的主要工作是理论学习和编写教材，同时参加实验室工作。

看似枯燥无味的工作安排，却无意中给保铮打开了另一扇门。

图 4-2　美国 SCR-584 式雷达

实验室工作与教材编写

在雷达基础教授会，主任毕德显有一套培养年轻教师的办法，那就是让刚毕业留校的青年老师在实验室工作，丰富实践知识后，再调回教授会工作，提高理论水平。

那时，中国的电子工业基本上是白纸一张。雷达专业的教学工作一切都从零开始，实验工作也是如此。实验室起步阶段，连台像样的示波器都没有。为了开设雷达专业基础实验课程，教师们不得不亲手制作许多仪器。制作实验仪器的零件大多是从缴获的国民党物资中拼凑而成，制作困难比较大。当时的实验室主任是同济大学无线电系毕业的张莱，他能力很强，带领着保铮这一群年轻人，克服诸多困难，开始了对微波部件、微波电路等的研制工作，最终设计出了从最基础的线路一直到雷达整机的一整套雷达实验设备。

保铮到实验室后，参与了仪器设备制作、实验设备调试等工作，其中一项是制作电子开关。电子开关是用在示波器上的一个关键器件，此前实验室制作的示波器只能看到一个信号的波形，有了电子开关，就可以送两路信号进去，让两个信号作比较。当时，张以杰正在做电子开关，他已经在实验室工作了一年。保铮接替了张以杰的这项工作，凭借很强的动手能力，在很短的时间里就完成了任务。之后，保铮还改造了脉冲示波器，进行了脉冲技术和微波技术实验的准备工作。

一年后，保铮从实验室回到教授会，担任脉冲技术这门课的辅导员。担任助教后，保铮依然将一半的时间投入到实验室的工作中，在完成每学期的教学任务之外，继续参加实验室建设，研制仪器和实验板。这一年里，保铮制作过波导型微波衰减器、蝶形可变电容微波调谐电路、同轴型混频器、波导型测量线、同轴腔振荡器、微波波长计、波导型匹配枝节以及各种形式的谐振腔等。与提高示波器频带相关的工作同他后期研制的气象雷达显示器和埋地电缆故障测试仪有很大关联。

经过两年的努力，学院终于有了相当规模的微波和脉冲实验室，不仅能为学生开设雷达专业课必需的实验，还能为兄弟院校提供部分微波电路仪器，属国内高校前列。清华大学的无线电系主任孟昭英到张家口考察时，看到学院竟然能够开设微波实验，十分惊讶，而这里的实验室建设也出乎他的意料。

这段在实验室的工作经历，是保铮科研活动的开端。在后来的工作中，保铮时常提起这段难忘的经历："别人认为我解决实际问题能力较强，这固然是由于我一直没有离开实际工作，也与刚参加工作时，长期泡在实验室打下的坚实基础分不开。"[①]

编写教材也是当时雷达专业建设的一个重要工作内容。因为雷达专业在国内属于新专业，没有现成的教材，只能靠教员自己编写讲义，在上课前发给学生。1959年后，国内才逐渐有了正式的雷达专业课本。

为了让年轻教员对整个雷达教学工作熟悉起来，毕德显要求每个新教员都要把所有的雷达课程辅导一遍。当时，张以杰辅导显示设备课，保铮辅导自动控制课，但毕德显安排年轻助教编写教材时，故意让保铮编写显

---

① 保铮：努力学习继往开来。见：中国科学院院士工作局编，《科学的通路：下卷》。上海：上海教育出版社，2005年，第1736页。

示设备，让张以杰编写自动控制。毕德显这样的安排颇有深意。如果教员只固定辅导一门基础课，知识面比较窄，无法了解这门课在整个知识体系中的位置和作用，难以把握真正的重点和难点。只有在全面接触所有课程后，才能够知道学生哪些知识已经掌握，哪些知识还应重点学习，教学的时候心里才有底。以这样的方式编写教材，将复杂问题简单化，能够让人易于领会，又引导年轻教师深入思考。

教师们编写教材的参考书有两个来源。一个来源是图书馆里麻省理工学院出版的28册雷达丛书，保铮编写教材时阅读了其中五六本，其中《波形》《门限信号》对他日后的研究方向产生了尤为重要的影响。另一个来源是苏联教材。当时，中苏关系正处于"蜜月期"，1954年2月—1960年8月，先后共有12位苏联顾问和专家在学院工作过。

苏联专家顾问的到来，不仅对雷达专业的教学、教材编写提供了很大的帮助，对学院的影响更是全方位的。来院的首批顾问根据苏联红旗通信学院的训练计划和教学大纲，结合具体情况和要求，拟定了学院的训练计

图4-3　20世纪50年代，解放军通信工程学院的教师们和苏联顾问交流

划和教学大纲，同时为实验室建设和教学方法改革做了大量工作。①

保铮独立编写的第一部教材是《雷达指示设备》，出版于1957年，这本书既参考了美国资料，也用到了苏联方面提供的资料。他读过一本名为《起伏信号》的苏联书籍，书中讲的是怎么把微弱信号从噪声背景中提取出来。保铮在讲授雷达接收机时，从这本书中得到了很大的启发。

保铮与第一任苏联顾问布赞科夫接触较多，两人还发生过分歧。有一次，保铮把自己编写的雷达显示设备讲义送给布赞科夫看，布赞科夫看完很不赞成，他认为很多雷达显示方式在实际中用不到，应该部队里用什么教材就讲什么，学生会操作就可以。保铮则认为，不能"用就讲、不用就不讲"，应该把理论搞清楚，让学生了解雷达显示设备的各种工作方式。

两个人的这次争论，可以理解为毕德显启发式的教育理念同布赞科夫实用导向教育理念的冲突。实际上，这次小争论也反映出学院对学生培养的定位问题。以设备分科的教学虽对培养部队的技术军官有利，可并不利于培养知识结构完善扎实的科研人员。不过，客观来说，苏联专家的支援的确为我国雷达事业提供了很大帮助。通过仿制先进的苏式雷达，照搬苏联的教学方法，我国在短时间内显著提高了自身水平。

1960年，苏联单方面停止合作，撤回全部苏联专家，给我国的雷达仿制工作带来很大损失和困难。仿制工作无法进行，科研人员不得不走上了自主设计雷达的自力更生之路。此后，我国不再依靠苏联，也不转头指望美国，而是取各家之长，走一条中国自己的雷达发展之路。在当时，这一局面是困难而艰险的，可现在看来，这次转变对我国独立自主研制雷达设备具有重要的意义。

---

① 赵希普：苏联顾问和专家来校工作。见：西安电子科技大学校长办公室编,《流金岁月》。西安：西安电子科技大学出版社，2001年。

讲授雷达接收机

雷达工程系教授会在授课方面的管理很严格。教员在正式给学生讲课之前，要将教案给主任毕德显审查，并且要在教授会所有教员面前试讲一遍，请教员们提意见。上课后，如果学生反映不好，毕德显会组织教员去听课，回来后讨论如何解决问题，教员调整后再继续上课。当时学生的文化基础差异较大，有的只是初中水平，这更增加了教员授课的难度，一堂课下来要费不少气力，因此教员们都非常认真地备课。

当时，学院作为部队院校，教员们不仅负责讲课，还要管理学生。辅导员被要求与学生同吃、同住、同劳动，基本上与学生生活在一起，这样学生有问题可以随时请教老师。在这种安排下，学生和教师见面的机会很多，一切都以教学为中心。[①]

1955年，在担任助教约半年后，保铮开始担任讲师，主要讲授雷达接收机的课程。孙肖子老师曾在教研室和保铮共事，她仍记得这段经历：

有人说，"听他（保铮）的课不仅能学到知识，而且是一种艺术享受"，这真的一点不假。他用充放电的波形移动过程解释耦合电容隔直流原理和箝位电路原理十分独特，我至今记忆犹新。

当时我们是军事院校，比较封闭，与外界联系不多，但他的脉冲技术教材被许多地方兄弟院校采用，在外界享有盛誉。60年代初，半导体晶体管还是新器件、新技术，他编著的晶体管原理和放大电路教材对提高青年老师的教学水平起了巨大作用，用基区载流子密度分布解释放大区饱和区特性堪称经典。保教员教导我们青年教师要具备丰富的想象力和深刻的洞察力，要把课"讲深、讲透、讲活"，做学问

[①] 西安电子科技大学宣传部采访李文璞，2009年。西安电子科技大学内部资料。

要"严谨、博学、独立思考"。①

雷达接收机负责接收雷达信号。雷达信号是由雷达自身发射出去的电波，电波遇到目标再反射回来，这样的信号很弱，还会埋没在各种假信号（噪声）当中。从噪声中提取出真正的目标反射信号是一件很困难的事，研究雷达接收机，就是要解决在微弱信号条件下发现目标的问题。这属于信号处理的范畴，只不过当时还没有形成信号处理的明确概念。那时解决问题完全靠统计。因为噪声干扰具有偶然性，而目标信号一直都有反射，因此把信号叠加后，目标信号会越来越强，而噪声干扰由于是随机产生的，叠加起来仍然很弱，这样就把目标信号提取出来了。这个办法，就是当时雷达接收机的基本原理。

信息论研究小组

按照毕德显的要求，新教员要把每门课都教一遍，保铮大致做到了这点。他讲授过雷达专业除了发射机外的所有课程，其中大部分是大学期间没有接触过的，后来通过自学了解的内容。

当时雷达专业的课程设置是按照不同设备进行划分，如雷达指示设备、自动控制设备、接收机、微波、发射机等。保铮所在的雷达信号处理领域，当时并没有形成明晰的专业范畴。相较而言，当时与信号处理比较相关的一个方向是信息论。

信息论是美国科学家香农（Shannon）奠基的新领域，兴起于1948年。毕德显于1956年开始跟踪这个领域，并且组织了信息论研究小组和讨论班。这个信息论研究小组是国内最早从事信息论在雷达中应用的一个研究团队，其活动形式为团队成员各自攻下不同问题，然后在讨论会上重点发

---

① 孙肖子：礼赞九轶，传承初心——难忘激情燃烧的岁月。西安电子科技大学电子工程学院网站，2021-10-11。

言，集思广益，以形成对这个领域的全面掌握，并不断地将这些新理论的研究成果充实到课程中去，使雷达专业课程处于前沿的地位。[1]

保铮参加毕德显领导的信息论研究小组，收获很大，尤其在学术思想和方法上深受其影响。客观地讲，毕德显领导的信息论研究小组是一个科研方法的开始，埋下了一颗创新的种子，多年以后保铮在发明埋地电缆故障测试仪、研究动目标显示器、率先开设数字信号处理课程等方面的贡献，是早年这些种子结出的硕果。[2]

第一次发表学术论文

1956年，《电信科学》发表了雷达基础教授会的三篇论文，这三篇文章从不同角度讨论了信息论，在当时是非常前沿的研究。三篇论文其中之一为保铮所撰写，这是保铮第一次发表学术论文。[3] 原本这篇论文是找毕德显约稿，他把机会让给了学生。

保铮的文章是关于如何在一定的功率、时间和频带的条件下，发挥通信体系的极限通信能力，即提高通信能力的可能性。所谓通信体系的极限通信能力，就是该体系所能达到的最大通信量；通信量再增大，就会不可避免地产生误差。通信体系由离散和连续两种基本体系所组成，保铮研究的是连续信号的通信体系。提供通信体系极限通信能力的方法有很多，保铮介绍的是根据苏联科学院院士 B. A. 科捷里尼科夫提出的理想接收机和潜在抗干扰度概念的方法。文章根据科捷里尼科夫理想接收机的概念，求出通信体系的极限通信能力，并指出现有通信体系的通信能力与极限通信能力还有很大一段距离，说明了进一步改善现有通信方法的可能性。在论

---

[1] 陈太一：毕德显老师永远活在我们心中。见：杨学生，卫亚伟，余光烈编，《毕德显》。北京：中国科学技术出版社，2002年，第203页。

[2] 保铮：努力学习继往开来。见：中国科学院院士工作局编，《科学的通路：下卷》。上海：上海教育出版社，2005年，第1736页。

[3] 同[2]。

文的结尾，保铮还提到了美国科学家香农在1949年用另外的方法证明了通信体系的极限通信能力，指出香农的方法是有缺点的。

1956年5月，学院召开了科学报告会，会上发表了15篇论文。尽管学院处于建设初期，雷达又是新专业，教学任务很重，但孙俊人仍指出教学和科研要相辅相成，提出开展科学研究有利于提高教学水平的观点。保铮在这次会上作了关于微弱信号检测的报告，受到了孙俊人的赞赏。孙俊人鼓励保铮，要学习新技术，继续深入研究，敢于创新。①

在国家建设迅速发展的背景下，保铮下决心在自己的工作岗位上做好工作，实现青年时代"科学救国"的梦想，报效祖国。保铮把全部精力放在了科学研究中，在讲课之余，他学习信息论等新知识，积极发表学术论文。

因为在工作中表现出色，1954年11月28日，保铮被学院授予三等功。功绩摘要为："辅导工作中能了解学员存在问题，并中肯地加以解决，能引导学员改进学习方法，在实验准备工作中能独立解决问题，提出改进意见，帮助检修仪器。"

不平等的待遇

在科学研究之外，有一种无形的压力一直困扰着保铮。

1955年，学院开始授衔。保铮明明是正排级少尉，却没有资格戴上军衔。看着别的教员都佩戴上了军衔，保铮的心里很不是滋味。同样境况的还有张以杰，两个人的肩上都是"光板"。后来，两人慢慢知道原来自己是属于"控制使用人员"。

1956年1月，周恩来总理在《关于知识分子问题的报告》中提出，要最充分地动员和发挥现有知识分子的力量。4月，国务院发出通知，要求

---

① 保铮：孙俊人老师指引我成长。2001年1月25日，未刊稿。资料存于采集工程数据库。

改善高级知识分子的工作条件，军队也作了相应规定。学院按指示，对知识分子工资普遍提高一级，本科毕业生由原来的授予少尉军衔，改为多数授予中尉军衔、少数授予上尉军衔。1956年底，学院授予保铮和张以杰上尉军衔。

1956年，保铮被评为"社会主义积极分子"，这是一种政治上的肯定。同年，在学院召开的科学报告会上，孙俊人鼓励保铮要学习新技术、深入研究、敢于创新。这番话是在多搞专业就有"白专"之嫌的时代背景下说的，这对保铮来说是心理上的极大支持，使他相信学好专业用科技知识为国家服务的道路没有错。

1957年11月，在学院陆续展开的"红专辩论"中，保铮又受到不公正的批判。1958年，保铮因业务出众，被推选为部门模范参加学院的表彰会，可政工部门的领导对此并不认可："怎么能推选保铮当模范呢？"

回忆这段经历，保铮坦言："那是一个矛盾的年代，我一方面经常受到不公正的批判，另一方面又多次受到表扬和奖励。"矛盾的处境对保铮也是一种磨炼，使他学会在不顺利的环境中照常工作和学习。

第五章
深自砥砺向前行

不论外界怎样风云变幻，我都坚持寻找那条真正的通路。

西迁建校

早在1952年解放军通信工程学院成立之初，校方就已经开始考虑迁校的问题了。张家口的地理位置虽便于保密，可毕竟是偏僻闭塞之地，天气寒冷，生活环境恶劣，很多教师都不愿意到那里工作，招生和院校间的学术交流也存在很大困难。

20世纪50年代，出于国防安全方面的考虑，中央决定将一些大学内迁，位于上海的交通大学就是在这一时期迁往西安的。在这样的大背景下，解放军通信工程学院也准备迁至西安。1955年秋，解放军通信工程学院副院长黎东汉、训练部副部长崔仲民、物资保证部部长韩济以及一名苏联专家，一起到西安的南郊地区选择校址。根据西安市的总体规划，南郊是文化区，高等院校大多集中在这里。当时，南郊是一片农田，没有什么建筑物，周边土地开阔，交通也比较方便。

图 5-1　20 世纪 50 年代的西安南郊文化城

　　1956 年 3 月，中国人民解放军通信工程学院西安办事处成立，从此开始了大规模的建设工程。1958 年春，校舍基本建成。暑假期间，学院整体搬迁，保铮也结束了在张家口的生活。全校师生分批乘坐闷罐车，从凉爽的塞外来到酷热的西安。学生们下了火车，排成方队，唱着军歌，步伐整齐地穿过大街小巷，吸引了无数惊奇的目光。①

图 5-2　1958 年，内迁西安的解放军通信工程学院

　　西安的环境比张家口优越很多，崭新的校园使师生们倍感振奋，马上投入到新校园的建设中去。校园建设初期，师生突击劳动，建设操场、球

---

① 西安电子科技大学宣传部采访王新梅，2009 年。西安电子科技大学内部资料。

第五章　深自砥砺向前行

场，人工挖坑、填土。学院食堂一天开五顿饭，师生虽然辛苦，但心情舒畅，干劲十足。

不仅生活条件改善许多，西安的学术氛围也很浓厚。开学后，学院很快与其他高校建立了联系，各校师生交流活动频繁，积极的学术气氛让师生们异常兴奋。

迁至西安时，学院有指挥工程系、无线电工程系、有线电工程系、雷达工程系4个系，设有通信军事教授会、无线教授会、有线教授会、雷达教授会、电机教授会、基础教授会、外文教授会7个教授会以及体育教研室。

保铮在基础教授会工作，讲授脉冲技术课。学生顾朝霞回忆：

> 保铮老师给我们上课，重点突出，思路清晰，语言简练。一堂课下来，我们不仅学到了知识和方法，也是一种很好的享受。大家的学习兴趣和学习劲头更大了，所以这门课大家学得很扎实，大家都喜爱这位优秀的年轻教员！①

1959年1月，根据国防科工委和国防部第五研究院的要求，学院筹建控制工程系，代号三系；有线电工程系与无线电工程系合并为电信工程系，代号二系；指挥工程系为一系；雷达工程系改为雷达导航系，代号四系。1959年2月，为了方便管理，学院实行系、会合并，将无线教授会、有线教授会与电信工程系合并，通信军事教授会与指挥工程系合并，雷达教授会与雷达导航系合并；电机、基础、外文教授会和体育教研室归训练部领导。不久，教授会改称教研室。

1959年，学院被列为全国、全军重点院校，当时，全军重点院校只有3所，另外两所为哈尔滨军事工程学院（简称哈军工）和第四军医大学（简称四军大）。"西军电"②"哈军工""四军大"，这在当时是很威风的称呼。"西军电"能够成为全国、全军重点院校，与它开设雷达等多个军

---

① 西安电子科技大学宣传部采访顾朝霞，2009年。西安电子科技大学内部资料。
② 即中国人民解放军通信工程学院。

事相关的重点专业有很大关系。其中，毕德显带来的大连工学院电讯系师生，就是支撑学院军事专业发展的中流砥柱。在整个国家人才稀缺的情况下，毕德显这一批师生承担着为全军培养军事科技人才和研发武器装备等重要责任，这些工作是"西军电"最核心的竞争力。

1960年1月，学院更名为中国人民解放军军事电信工程学院，之后便开始扩招。1960年毕业的王新梅回忆：

> 部队急需这方面的人才，所以招了很多学生。我记得最多的一年，学生到了一万人，很多学生没有地方住，有的住在楼道里，实在太拥挤了。因为学院大量扩招，当时学院的师资力量不足，后来还专门搞过一个师资培训班。我们毕业以后，大概有三分之一的人都留校了，因为教师太缺少了。[1]

1958—1960年的学院大发展后，学院各个专业的配置更加齐全，共有26个专业，其中包括为发展导弹专业做储备的计算机专业。学院还新开了一个理科系（即五系），成立了信息论、无线电波传播和量子电子学三个新专业。当时有军事、体育、数学、物理、电路、电子器件放大脉冲、电磁场、制图、电源9个教研室。1963年，各教研室又集中到训练部，划分为17个教研室。教师授课也逐渐正规化，教材基本都是印刷出版的。

作为部队院校，学院办学基础良好，具有革命传统，不过由于风格保守甚至趋于封闭，有许多让人不适应的做法。例如，学院规定，哪里有学生哪里就必须有教员，教员要围绕学生转；教研室主任每天晚上都要去教研室，监督教师是否在读书；学院晚上统一熄灯，教师、学生都要按时回去休息，即便去图书馆借书都要向领导请假。

1958年，学院以政治运动方式开展教学改革。首先是"拔白旗"，毕德显等德高望重的老教授被"靠边站"。接着批判教学内容，甚至提出牛顿三大定律和麦克斯韦方程都是资产阶级的东西，要统统"打倒"。许

---

[1] 西安电子科技大学宣传部采访王新梅，2009年。西安电子科技大学内部资料。

图 5-3 孙俊人院士

多教师如堕雾中，茫然不知所措。

一次，时任总参通信部技术部部长的孙俊人来校考察，他给骨干教师讲了一次话，首先肯定了教学改革的愿望，接着强调了教学改革要加强基础，根深才能叶茂，要用严肃的态度对待基础理论。当时极左思潮泛滥，能够坚持并在公开场合讲出这一番反潮流的话是非常难得的。孙俊人刚正不阿、坚持真理的高尚品格给保铮很大震撼。

虽然政治运动不断，但自从学院搬迁到西安，整体科研水平还是不断提高。以学术论文为例，1956年5月，学校的科学讨论会上仅仅发表了15篇论文。到1963年11月的学院第二届学术报告会上，交流的论文已达101篇。

在逐渐浓厚的学术氛围中，保铮的研究方向越来越清晰了。

五楼会战

1957年11月13日，《人民日报》发表社论，提出"大跃进"的口号。1958年5月，党的八大二次会议通过了第二个五年计划，提出了部分不切实际的任务和指标。会后，全国各条战线迅速掀起了"大跃进"的高潮。

"大跃进"运动期间，通信兵部要求学院承担起重大国防科研项目。通信兵部主任兼国防科委五院副院长王诤指示，此次的科研任务由中华人民共和国国防部五院二分院、哈尔滨军事工程学院、解放军军事电信工程学院三家共同完成，人员集中在解放军军事电信工程学院，由解放军军事电信工程学院负责整体领导工作。

在此之前，学院的重心是基础教学，目的是为部队培养设备维护人才。一没有任务来源，二没有经费来源，开展科研工作几乎是天方夜谭。因此，这次机会非常难得。接到任务后，学院立刻成立了专管科研项目的科研部，也有了一定的科研经费。当时，学院的教学主楼一共有六层楼，五楼有一些空房间，科研团队就把办公室放在了五楼，这次科研攻坚因此被称为"五楼会战"。[1]

这次科研任务由学院科研部部长王德明牵头负责，参加的教师包括毕德显、蔡希尧、叶尚辉、徐越彦、吴凤高、丁鹭飞以及30余名进行本科毕业设计的学生。能够参与"五楼会战"的人，除了学术水平过硬，还要符合能够接触绝密信息的政治标准。因为"五楼会战"是极保密的，所以整个五楼完全封闭，有士兵轮班站岗，出入的人员都要持有"特别通行证"。

"五楼会战"开展的项目属于国防急需的科技前沿装备。学院承担了雷达装备研制的任务，工作范围不仅包括解决理论问题和技术问题，还包括在具备一定制造工艺的情况下实现这个项目。

"五楼会战"进行了两年多，1961年，国家开始按照"调整、巩固、充实、提高"的八字方针对国民经济进行调整。三年困难时期后，一些科研项目下马，"五楼会战"也逐渐转移、解散。但科研项目没有全部停止，部分转移到外单位。

研制气象雷达

保铮的身份使他无缘五楼的科研攻关，然而正是在这段时间里，他开始了真正意义上的科研之路。

当时，保铮带着几个学生，经过研究调试，制作出一台雷达显示器。学院政委王赤军问："这个雷达显示器可以做什么用？"保铮解释："雷达

---

[1] 西安电子科技大学宣传部采访王德满，2009年。西安电子科技大学内部资料。

显示器是雷达的重要部件,可用于气象雷达,显示云层分布,预测天气。"王赤军判断此项目十分有价值,便要求在"五楼会战"以外另辟场地,组织、扩大研究队伍,并提出要做出整部气象雷达。

与制作雷达显示器相比,制作整部气象雷达要复杂很多,需要工艺和设备的支持。气象雷达的工作原理,研制小组已完全掌握,难度在于如何在设备上实现。当时,蔡希尧刚好离开"五楼会战",便立刻加入了保铮的气象雷达的研制小组。根据雷达系统的组成,成员们分成了几组,各管一摊:茅于宽负责天线组,强伯涵负责发射组,戴树荪负责接收组,保铮负责显示组,张以杰负责控制组,蔡希尧为全面负责。①

研制气象雷达的过程中,保铮有一段时间患痢疾,病得很厉害,但仍坚持参加研制工作。王赤军得知保铮生病,派科研部参谋王克敦带他去医院看病,并关照要用最好的药为他治病。当时医疗条件有限,所谓"最好的药"也就是土霉素。②

研制气象雷达要克服很多困难。除了研制部件要做大量的设计和实验工作外,机械设计加工、高压电源传输、天线制作等都面临不少要在多重限制条件之下想办法解决的问题。为了加工合格的抛物面天线,达到公差的要求,实习工厂的师傅在设备和检测手段缺乏的情况下,设计了一个水泥的模型,精雕细琢,终于做成了天线。转动关节是矩形波导转换成同轴线的设备,要保证电源传输的连续性和角坐标转动的机械结构要求。最终,研制小组也通过自行设计和加工达到了要求。

气象雷达的整机在学院大操场东北角进行了安装、调试与测校。1960年,总参通信兵部派科技部副部长于保合前来主持鉴定气象雷达。因为雷达测试很成功,能够清楚地看到云团和雨区,于保合给予了很高的评价,认定这是中国自行设计并试制成功的第一部气象雷达。当时,组织还决定由上海市组织力量投入小批量生产。

气象雷达调试好后便送给上海无线电厂作为样机,计划投入生产。当时还发生了一段小插曲:运到上海后,气象雷达不能正常工作,反复调试

---

① 西安电子科技大学宣传部采访蔡希尧,2009年。西安电子科技大学内部资料。

② 保铮访谈,2012年12月17日,西安。资料存于采集工程数据库。

也找不到原因。后来，大家提议请保铮过来解决问题。保铮到了现场，判断是波导出现问题。经过检查发现，原来是波导在运输中防震的棉花没有取出来。科研人员把棉花拿出来后，雷达就调试成功了。这件事后来也成为保铮的传奇故事。

遗憾的是，因为各种原因，这个气象雷达后来并没有批量生产。

组 建 家 庭

在张家口军校读书期间，保铮低调勤奋，品学兼优，是出了名的优等生。长相清秀、个子高高的他给同事余雄南留下了很深的印象。

余雄南有个妹妹叫余伟南，比保铮小六岁。余伟南于1951年考入南京大学医学院，也就是后来的第五军医大学。1954年8月，第五军医大学由南京迁往西安，更名为第四军医大学。1956年，余伟南在西安完成了学业和临床实习，分配到后改为解放军胸科医院（310医院）的北京西郊黑山扈122疗养院（肺结核病疗养院），军衔是中尉。

余雄南觉得妹妹的求学经历与保铮很相似，便有意介绍两人认识。

1956年夏天，余伟南到张家口看望余雄南，姐妹重逢十分高兴。姐姐除了送给伟南一块日本手表作为礼物之外，也将两个年轻人正式介绍相识。

短暂的假期结束后，余伟南回到北京，很快便成为我国著名的医学影像学专家刘玉清教授的助手。1958年9月，解放军胸科医院整体搬迁至阜外医院，军人全部就地转业，余伟南和导师刘玉清教授一起进入北京阜外医院放射科工作。因日程繁忙，她一直没有再与保铮联络过。那个年代，年轻人都满怀建设祖国的雄心壮志，个人的情感也变得很简单。

1959年夏天，保铮利用路过北京转车的机会和余伟南短暂见了几次面。相似的经历和建设新中国的共同理想使两位青年人慢慢走到一起。1960年7月30日，保铮在宣化集训后返校路过北京，便和余伟南在北京阜外医院集体宿舍举办了极为简朴的婚礼。双方家属无人到场,只有医院的几名同事参加,他们只买了很少的水果糖招待客人,这也是那个时代的特色。

1966年,为解决两地分居的问题,余伟南从北京阜外医院调到西安医学院第一附属医院放射科。因为在医学影像学方面的造诣和勤奋细致的工作,她被聘为教授、主任医师,曾担任放射科主任。

第六章
辗转中琢玉成器

一个事物，表面现象都是比较复杂的。你要能够从这个复杂的表面现象，看到它的本质，那就叫洞察力。

迁徙重庆

为了加速培养雷达科技人才，1961年11月，通信兵部决定将解放军军事电信工程学院的雷达系和导航系迁往重庆，建立中国人民解放军雷达工程学院（简称重庆雷达学院）。新建的重庆雷达学院主要培养雷达维护和使用方面的技术人才，而西安的军事电信工程学院主要培养雷达研究设计方面的人才。

随后，按照通信兵部的指示，学院开始进行分院工作。保铮、张以杰等人跟随毕德显教授，一同调往重庆。毕德显担任雷达工程学院副院长，领导全院的教学科研。同时，他把大部分精力放在教材建设上，撰写了《电磁场理论》。在师生中，毕德显有"活字典"的美誉。老师们遇到什么难题，都会向他请教。① 保铮这一代年轻教师深受毕德显的影响。

在重庆雷达学院，保铮继续讲授脉冲技术。这门课程既讲授给学生，也讲授给其他教师。而实际上，给教师授课要更多一些。保铮还讲过电子线路、电子管放大器等课程。当时保铮一个礼拜要讲十几次课，白天给学生讲，晚上给教师讲。

由于白天、晚上都要上课，保铮只能抽空编写教材。他编写了《电子管放大器》《非线性电子线路》《脉冲技术基础》等教材，其中参考了苏联和美国的教材，并加进了很多自己的想法，很有个人特色，受到学生欢迎。虽然时间紧张，但这些教材的水准很高，保铮自己对这些教材的评价也不错。《电子管放大器》还在学院教材评选活动中获得了一等奖，为此，学院奖励了保铮100多元奖金。保铮用奖金买了一本《俄文字典》送给帮助他编写教材的同事，剩下的钱则留给教研室使用。得到的奖金都要用在工作上，这是保铮一直保持的习惯。

1962年，保铮和张以杰被评为讲师。其实那时的保铮，已经可以被评为副教授职称，他也接到过这样的通知。但是，还是发生了一些令人意外又似乎在意料之中的小波折。当时，学院的职称评审办公室征求各方意见后，决定授予保铮副教授的职称；但是，当这一决定被上报到党委评议时，却得到了"不予通过"的结果。② 在经历过授予军衔、评模范、"红""专"之争等风波的磨炼后，保铮已经能够平淡地看待这些挫折了，他没有受到影响，继续把全部精力投入教学当中。

调 回 西 安

1963年1月，由通信兵部领导的解放军军事电信工程学院（西安）改由国防科工委领导，重庆雷达学院仍由通信兵部领导。国防科工委进一步

---

① 杨学生，卫亚伟，余光烈：《毕德显》。北京：中国科学技术出版社，2002年，第204页。
② 保铮访谈，2012年12月19日，西安。资料存于采集工程数据库。

图 6-1　1987 年，保铮和毕德显在华清池

明确了军事电信工程学院的任务：为军队培养无线电、电子学方面的研究、设计人才。按这个思路，西安和重庆两个学院的部分专业又进行了对调和调整，保铮在这次调整中被调回了西安，而他的恩师毕德显留在了重庆。

回到西安后，保铮担任基础部脉冲组组长和脉冲技术教研室（8室）副主任，主任是余铎。当时，担任教研室主任的基本都是老干部，教研室副主任算是知识分子能够担任的最高职务了。

保铮主要讲授脉冲技术、晶体管电路等课程。脉冲技术课是雷达专业的重点基础课。当时雷达设备的电路都是模拟电路，所以要从最基本的电子管、放大器开始讲起。脉冲电路算是"高级"的基础课，其中的波形比较难学。保铮讲授放大器的时候，就考虑着为脉冲电路打基础了。他对学科的发展也很敏锐，察觉到晶体管替代电子管的趋势，就开始重视晶体管原理的教学，要求学生一定要把实践搞好，夯实基础知识的同时不能拘泥于课本。尽管保铮讲话有点结巴，板书也不算很漂亮，但学生们就是喜欢听他讲课，觉得他讲得深、透、活。

陆光华1961年从西北工业大学毕业后，被分配到保铮担任组长的基础部脉冲组。他回忆道：

> 保老师上课是非常受欢迎的。他上课特别认真，讲话也非常精练，很注意结合工程实践。保老师对教学、科研都是这样，对基础理论的分析和论述总是十分精辟，对工程实践的成效也很关切。听过保老师讲课的同学都有十分深刻的印象和记忆。就如后来成为联想集团总裁的我校1966届毕业生柳传志，数十年后在母校成立八十周年纪念大会上所致的贺词中，依然能十分清晰和深情地回忆起保老师在讲授脉冲技术及其中的间歇振荡器的精彩情景。[1]

对于讲好课，保铮多年后这样总结：

> 有人说一个教师，要给人家一杯水，自己得有一桶水。一个教师怎么能够讲得比较深一些、比较透一些、比较活一些？我记得杨振宁主张要有洞察力。一个事物，表面现象都是比较复杂的。你要能够从这个复杂的表面现象，看到它的本质，那就叫洞察力。[2]

保铮认为，所谓的"一桶水"包括实践方面的知识。例如，对于电子线路、放大器这些实践性很强的课程，保铮在实验室亲自制作实验设备的工作经历就让他受益匪浅。没有这些经历，很难对课本知识深刻领会。保铮还在1964年制作过晶体管示波器。

保铮第二篇公开发表的学术论文是《短回程锯齿波振荡器的分析》，刊登在《电子学报》1964年第2期。这篇文章发表后不久，电子学会电子线路分会在成都召开电子线路专业会议，保铮以这篇文章参会，并结识冯秉铨、陈芳允等知名学者。冯秉铨是电子学会电子线路分会主任委员，对

---

[1] 陆光华访谈，2012年9月3日，西安。资料存于采集工程数据库。
[2] 保铮访谈，2009年5月22日，西安。资料存于采集工程数据库。

非线性电路很在行,他对保铮的文章格外欣赏,觉得遇到了同行知己。①这次会议保铮的收获很大。

1965年下半年,中央军委决定改变军队所属几所技术院校的体制,要从归军队管理转为归地方管理。对于学院从部队转地方的意义,时任学院政治部主任张路回忆:

> 这是国防建设进一步发展的需要。当时直接归国防科工委领导的有八所技术院校,其中五所是地方领导体制(南航、北航、哈工大、西工大、成电),三所由军队管理(哈军工、西军电、南京炮工学院)。这八所院校,任务相同,领导与待遇各异。在此以前,原属军队系统的国防科研单位,均已转为地方体制,军队系统的学员入学穿军装,毕业后大部分到研究所及工厂后又要脱军装,这样带来很多麻烦,引起诸多矛盾。所以三所军队院校改变体制,和其他五所院校取得一致,有利于团结,有利于工作,也有利于互相交流。同时,改变体制,只是双重领导,以地方为主,军队仍负责学院的专业建设、教育经费及有关业务问题。②

学院的教师习惯了在部队系统工作生活,对部队有很深的感情。因此,这个消息传到学院后,震动很大,教师们普遍的情绪是不想离开部队,不愿脱掉军装转到地方。可是这一转变对学院发展意义重大。从开展科研的角度看,转到地方能为学院提供许多有利条件,例如,学院与地方工厂、研究所之间的联系将更紧密,学生的生产实习也有了更多选择。并且,改为地方院校后,学院与其他地方院校的教学、科研的交流都比原来顺当不少。

1966年4月1日,学院改为归地方管理,同时改名为西北电讯工程学院。

---

① 保铮访谈,2012年12月19日,西安。资料存于采集工程数据库。
② 张路:我校由军队体制改为地方大学的追忆。见:西安电子科技大学校长办公室编,《流金岁月》。西安:西安电子科技大学出版社,2001年,第432页。

"文化大革命"中的重要发明

1966年6月,"文化大革命"爆发,学院教学工作开始了长达六年的停摆。

1968年4月,学院开始"清理阶级队伍",有人批判保铮,说他编写的教材是"美帝苏修的混合体"。实际上,保铮编写的教材在电子线路方面权威性非常高,仅仅因为博采众家之长,竟也成了批判的对象。保铮因此被打成"反动学术权威",被关进了"牛棚"。

1970年9月,学院的教师分批下工厂、下乡接受"再教育"。保铮被安排在关中供电局,供电局位于西安市太华路立交桥附近,离学院有十几里路程,保铮每天要骑自行车上下班,有时候索性就住在供电局。

在供电局,保铮的工作是跟随工人师傅检修埋地电力电缆。埋地铺设的电缆受外界影响小,安全可靠,但发生故障就很麻烦,如何探测和定位故障点是一个难题。如果电缆坏得厉害,形成低电阻故障,反而很好解决,维修人员可以采用电桥法和脉冲法,利用故障点形成的低电阻通道探测出故障的位置。[1] 而对于高电阻故障,这两种方法都无能为力。

解决高电阻故障的传统方法是,先把高功率的电源加在电缆端头,高压作用下故障点不断打火,通过电弧产生的热将故障扩大化,将高电阻故障烧成低电阻故障后再进行测量,行话是"烧穿"。"烧穿"很费时间,一般要两三天,顽固的要五六天或更长时间;甚至还有完全"烧不穿"的,这种极端情况下,维修人员只好把埋地电缆全部挖开。[2]

传统方法不仅要在"烧穿"上花费许多时间,实地电缆探测时也很费力。简单来说,现场定点就是在地面一定的范围里听放电的响声,以响声最强方位来确定地下电缆故障的位置。现场定点所使用的定位方法很原

---

[1] 刘红,周国忠:线缆故障检测方法.《计算机测量与控制》,2020年第28期,第42页。

[2] 保铮:我在"文革"中的一件技术小发明——电力电缆故障冲击闪络探测法的研究过程。见:《时代造就华夏人:西安科教探索事例篇》。北京:光明日报出版社,2006年,第47页。

始，将一根木棍插入地里，用耳朵贴在木棍另一端听。对于这个问题，更早去关中供电局接受"再教育"的严茂宏和曾加已做了改进。他们用金属插针连接声电传感器，将传来的声波转换成电信号，经放大后再用耳机听，大大缩短了现场定点的过程。

虽然保铮并非专业电工人员，但工人师傅经常向他请教技术问题。由于工厂大多使用埋地电缆供电，如果不能尽快排除电缆故障，造成的停工会给工厂带来很大损失。工人师傅们提出，能否不"烧穿"就定位电缆故障点？

一开始，保铮也没有头绪，但他身上有一股"学痴气"，兴趣上来了，就不顾一切全身心投入。多次参与实际探测后，保铮有了一个想法：能否利用故障点的电弧所形成的短路过程进行测量呢？这似乎是可行的。但是，加冲击高压是在"烧穿"后进行的。"烧穿"前，能否同样在故障点形成电弧？[①]于是，保铮提议，以后发生故障先不要"烧穿"，直接用球间隙加冲击高压试试看。多次结果表明，"烧穿"前情况与"烧穿"后相同，故障点同样会打火。为了解决现场定点的问题，保铮产生了用高压脉冲探测的想法，即设法在故障点加脉冲高压，使之形成相当于短路的电弧，产生反射回波；收到回波后，可以从回波的滞后时间估计出故障点的距离。要实现这一想法，就要制作一个高压脉冲发生器，这对于保铮来说轻而易举。

然而，高压脉冲发生器顺利制作完成后，实际探测遭遇了"滑铁卢"，两次试验结果都失败，未烧穿的故障点对高压脉冲没有反应。保铮分析认为，这次失败是自己对电弧形成的条件缺乏认识导致的。当时的埋地电缆主要用油浸纸做绝缘，故障点常常形成在油浸纸的空隙中。空气在高压作用下产生电离而形成电弧，电弧需要一定的时间才能形成，但高压作用的时间只有 0.2 微秒，因此需要延长高压作用时间。要想推广这一方法，不仅面对着制作加宽脉冲发生器的困难，而且要解决脉冲越宽、测距的分辨率就越差的问题。

---

① 保铮：我在"文革"中的一件技术小发明——电力电缆故障冲击闪络探测法的研究过程。见：《时代造就华夏人：西安科教探索事例篇》。北京：光明日报出版社，2006年，第49页。

这样，问题就转化为如何解决故障电弧放电和测距精度对电压持续时间要求的矛盾。保铮想出了解决办法。冲击高压的前沿可能比较平缓，要上升到较高的电压，而且持续一定时间后才会形成电弧。瞬间形成的电弧相当于将故障点立即短路，该处电压会突降到零，这一突变的电压会被短路的电弧反射，并反向传到电缆端头。如果能使这一电压在电缆端头再反射，它就会在故障点和电缆端头间来回传播，根据突变波形的来回传播的时间就可以算出两者之间的距离。

为了不影响在电缆端头加冲击高压，又能反射返回的电波，同时能将波形的变化过程提取出来显示，保铮在放电球到电缆端头之间串接了一个小的电感线圈，这样用示波器可直接观测到电缆端头的电压波形。示波器得到预期波形，从波形的特征就可以算出故障点的距离。球间隙形成电弧后向电缆端头加冲击电压的过程也是电容器的放电过程，这一过程很短，称为瞬态过程。实际的冲击高压是周期性的，球间隙的电弧随电容器放电而熄灭，于是电源对电容器再次充电，重复上述过程。由于电容器较大，充电是比较慢的，其重复周期以秒计，而由故障点放电引起的电波来回过程通常在几十微秒以内。

几十微秒的电的波形在示波器上一闪而过，人眼难以观测。好在雷达专业出身的保铮知道当时国内的直观式存储管已经试制成功并在一些军用雷达上试用。直观式存储管是将一次性的瞬态波形存储在管内的介质网上，然后将存储的波形显示在荧光屏上，存储一次可以观察几分钟。对使用者来说，与普通示波器没有区别。

1971年初，关中供电局设法购买了一只直观式存储管，保铮便开始制作冲击闪络电力电缆故障探测仪。这个仪器的原理与普通的示波器相似，保铮在刚毕业留校时就曾在实验室做过示波器，因此技术难度不高。为了争取时间，保铮和同伴们就住在工作间里，经过两个月的努力，第一台冲击闪络电力电缆故障探测仪终于问世。5月，冲击闪络电力电缆故障探测仪开始投入使用。将仪器和附加设备（包括大的功率变压器、大电容器和放电球隙测压器等）连接好后，几分钟就能完成故障点的粗测，即便算上现场定点和挖出故障电缆，也只需半天，大大缩短了时间。

保铮发明的探测仪解决了电力系统的一大难题。一般来说，电缆班设有故障探测组和修复组，探测组负责测定故障点，修复组负责处理。过去，由于探测耗时太多，总是修复组等待探测组，探测组几乎一直处于"欠账"状态。新仪器研制成功后，探测组短短几天时间就将所有积压问题一扫而空。为了完善方法和仪器，探测组还主动去找用户，一两个月内探测了十几个故障，全部成功。

保铮的这项发明完全是原创。虽然研发过程一波三折，但都被他转化成前进的动力。为了研究电缆故障探测方法，他曾专门去图书馆和外文书店查阅国内外资料，但没有任何收获。直到1974年，保铮才从国外刊物上看到有类似原理的文章发表。

冲击闪络电力电缆故障探测仪后来成为学院实习工厂的一个重要产品，叫作711电缆故障测试仪。曾在西电工作的张东峰曾带着保铮研制的冲击闪络电力电缆故障探测仪去多个单位解决问题，对其实际工作性能非常了解。

> 这款探测仪是一个伟大的创新，是雷达原理运用到电缆测试领域的成功范例，可应用于供电、供水、矿山、大型企业、煤矿、机场、码头、电缆厂等多个场合，具有广阔的前景。在电力电缆故障测试仪原理基础上，又派生出了路灯电缆故障测试仪和通讯电缆故障测试仪等一些其他的电缆故障测试仪，基本原理是类似的。根据我的测试经验，保铮研制的冲击闪络电力电缆故障探测仪甚至比90年代进口的美国设备还好用。[①]

今天，冲击闪络电力电缆故障探测仪广泛地应用在多个部门，针对可能存在的不足又做了许多改进，但电缆故障探测的基本原理仍同保铮最早的发明一致。

保铮研制出电缆故障测试仪，不仅解决了长期困扰电力部门的难题，

---

① 张东峰访谈，2013年10月23日，西安。资料存于采集工程数据库。

也引起了社会的关注。20世纪90年代，新闻电影制片厂还曾推出《电缆神探》纪录片，讲述的就是保铮研制探测仪的故事。

在关中供电局接受"再教育"的这段经历给了保铮很大启发，让他认识到，从事应用基础研究的人，如果不密切结合实际，总是关在书房里冥思苦想，是很难有所成就的。"要有知识，你就得参加变革现实的实践。要知道梨子的滋味，你就得亲口吃一吃。"[①] 在后来的研究工作中，保铮经常到相关的工厂、研究所和部队去，为他们解决一些问题，同时自己也学到许多书本上学不到的东西。这样的工作习惯也延续到雷达研究的工作中，保铮认为雷达技术是一门实践性很强的学科，应当更广泛地联系实际。

在供电局工作期间，保铮跟工人师傅们建立了深厚的感情。电缆班有十余人，班长张相臣是一位老工人，不仅技术过硬，而且为人正直，保铮在电缆班一年多的时间里和他接触非常多，他的言行让保铮很钦佩。张班长对保铮等教师也十分关心。有一段时间，因为工作需要，保铮晚上住在工作间里，张班长怕他一个人寂寞，就常在晚饭后找他聊天。聊天中，张班长对保铮研究的电缆故障探测仪很感兴趣，为了给刚受过批判的保铮解除思想包袱，张班长说："搞技术革新哪能保证一定成功，只要认真做，失败了总结教训，对今后的工作也是有价值的。""革新方案是大家讨论同意的，失败了首先由我班长负责。"[②] 在那段动荡混乱的日子里，这样朴实又暖心的话语让保铮非常感动。

十多年后，保铮担任西安电子科技大学校长期间，有一段时间电力供应紧张，学院每周都要停半天电。为了不影响正常教学，保铮同供电局商量能否把停电时间安排在周六下午。供电局负责电力供应的正是保铮的老相识张相臣班长，他一看是保铮提的要求，就干脆地协调解决了西安电子科技大学的用电问题。大家都笑称，保校长不仅能"修电"，还能"发电"。

[①] 保铮：我在"文革"中的一件技术小发明——电力电缆故障冲击闪络探测法的研究过程。见：《时代造就华夏人：西安科教探索事例篇》。北京：光明日报出版社，2006年，第51页。

[②] 同①，第48页。

1971年，保铮从供电局返回学院，这段经历让他在此后的人生中受益匪浅。

开门办学

1972年，全国教育改革，保铮又回到学院担任教研室副主任。这一年，学院在停止招生整整六年后，终于开始招收新生。这批新招收的学生为工农兵学员，文化程度为初中以上，学制三年。1972—1976年，学院先后招收了五届工农兵学员。

恢复教学后，由于"文化大革命"前的教材被当作"封、资、修"遭到全面否定，学院只得重新编写教材。1972—1977年，学院共编写印刷各类教材、讲义478种。不过，这些教材大部分质量不高，"像压缩饼干"，满篇是公式而无具体分析与推导。此外，学院受苏联教育模式影响，坚持"以产品带教学"的方针。当时的学生无奈之下，只能纷纷购买"文化大革命"前的教材或借阅图书馆的存书。

1972年，受全国教育改革的影响，学院搞起了"开门办学"，在生产实践中学习专业知识。保铮跟着雷达导航系的师生一起前往安徽大别山的岳西四机部（中华人民共和国第四机械工业部）726厂参加实际劳动，并帮助厂里解决一些技术难题。

当时，726厂试制354雷达。厂领导并不想接收学院的人，但厂里的工人热烈地欢迎这批师生到

图6-2 726厂旧址

第六章 辗转中琢玉成器 57

来。工人们私下议论："没有这些人，雷达怎么能生产出来呢？"

　　工厂里，欢迎保铮等师生们到来的，除了工人同志，还有一位老熟人。早在1953年，保铮的同学钟吉生就被分配到了726厂，1956年他被评为工程师。在工作中，钟吉生实操理论样样行，厂里的同事都很佩服他。保铮到了厂里后，工人打趣说："钟吉生在学院里是第二名，现在来了个第一名。"①

　　354雷达信号显示器部分的电路使用了很多保铮的想法。这个时期，保铮的专业特长在电路改造方面得到发挥。同时，他深化了对雷达系统的整体运行和实际制造的认识。

　　1973年，"开门办学"逐步收尾，全国上下开始"走五七道路"，各单位都到外县办农场，叫作"五七"干校。学院教工都要轮流去，在那里学习政治和参加农业劳动，这既磨炼了思想，又能补贴学院教工生活，同时解决了一些教工家属的就业问题。

　　这段时间里，从岳西回来的保铮不仅要在本校授课，有时还要到西安其他院校讲脉冲电子线路。不仅如此，他又被派到眉县的校办干校参加学

图6-3　南泥湾"五七"干校

---

①　保铮访谈，2013年4月5日，西安。资料存于采集工程数据库。

58

习劳动。除了拉土修田，还养了一段时间的鸭子。

参与干校学习劳动的同时，保铮并没有停止在学术上前进的脚步，他的知识水平在全校老师中是拔尖的。当时，西安的一家工厂从日本进口了示波器，想要搞清楚工作原理进行仿制，但有些技术问题没有弄清楚，于是到学院请了包括保铮在内的一批老师来解决问题。老师们到了工厂，保卫科逐个审核老师的身份，其他老师都被放行，唯独挡下了保铮和张以杰。后来，工厂还是解决不了这些问题，只好又将保铮和张以杰请到工厂，才终于把问题解决了。

数十年过去，每每想起这段动荡岁月里的经历，保铮都感到五味杂陈，无法言说。但是，逆境中的磨砺为保铮后来辉煌的科研经历开了个头，"深入基层，结合实践"更是成为他后来办学理念鲜明的特色。

第七章
一个自主的开始

我们不应该继续走仿制外国设备的老路，而要自主研究出全新的雷达信号处理方案。

雷达信号处理器方案诞生

对保铮来说，1973年是个非常重要的转折点。当时的保铮因为"成分问题"，被下放到眉县"五七"干校劳动。11月，保铮正在眉县干校养鸭子，学院突然通知他去南京参加一个重要会议。

1972年，我国诞生了大量雷达新技术，科研队伍也逐渐成长壮大。不仅在军用雷达方面配合同步卫星、洲际导弹等任务取得重大成就，军民通用的气象雷达、航管雷达等设备也取得显著进步。是年，中国进口法国汤姆逊公司（现泰勒斯公司）5部LP-23航管雷达。在当时的国际环境下，能够获得法国出口的雷达，已属难得，但核心技术封锁仍无法避免。这种新型的航管雷达采用了数字动目标显示处理器，可以从雷达回波中消除大型建筑等杂物产生的固定杂波，只显示所需动目标（即飞机）的状态，是航管雷达的重要部件。遗憾的是，该设备是禁运的。

简单地说，航管雷达信号处理器通过检测飞机的回波来确定目标。在显示器中，飞机显示为移动亮斑，由于存在噪声、杂波的干扰，飞机回波信号可能会被淹没。这个雷达信号处理器起到的作用，就是要把杂波

图 7-1　LP-23 航管雷达

等干扰信号消除掉，使显示器上能看到仅代表目标飞机的亮斑。虽然处理器禁运，但在雷达的使用说明书里有信号处理器的方框图和简要说明。

当时，数字电子技术在国外迅猛发展。20 世纪 60 年代中期，国外雷达已开始应用数字信号处理器，优越的性能使它发展迅速。到了 70 年代，数字信号处理器的应用已十分普遍。为了弥补国内信号处理器的发展空缺，国家有关方面召开会议，讨论能否自己研制出这个设备。保铮参加的就是这次会议，距离他上一次以学者身份被专业会议接纳，已过去了近十年。

在会议中，各方参会代表倾向于仿制法国的雷达信号处理器，保铮却提出了不同的观点：这种法国雷达信号处理器很烦琐，没有通用性，不能推广应用到其他类型的雷达上，未来进一步向更高水平发展受限。的确，保铮提出的缺乏通用性的问题，是这种处理器一个致命的弱点。后来法国逐步淘汰了这种类型的信号处理器，这也验证了保铮的观点。在会议中，保铮进一步提出，不应该继续走仿制外国设备的老路，而要自主研究出全新的雷达信号处理方案。①

与会的四机部科技司参会代表姜乐惠听了保铮的提议后，专门组织了一个讨论会。在会上，保铮说：

---

① 保铮：在西安电子科技大学学习和工作的片断。1999 年，未刊稿。存于西安电子科技大学。

第七章　一个自主的开始

我国所有的雷达都是模拟电路的，已经远远落后。应当做一个比较通用的数字电路的信号处理器。因此，技术指标要定得高一点，高端雷达能用，低端雷达稍微改造一下也能用。并且，我们这个方案比法国那个方案还简单。①

会后，保铮将方案提交给科技司，并提出了逐步进行研发的思路。比如，先做出取样间隔为0.5微秒的雷达信号处理器，然后再提高性能，做出取样间隔为0.2微秒的雷达信号处理器。

会议结束后，保铮又回到了干校。很长一段时间内，这件事情都没有什么音信。1974年冬，四机部终于明确同意了保铮的方案，设立了研制通用的数字电路雷达动目标显示器项目，并提供了19万元的研究经费。

学院接到四机部的任务后，召回了干校的保铮，并组建了一个科研小组，于1975年开始工作。科研小组的组长是周德新，副组长是彭学愚，小组成员有彭春林、程国佐、华学寿、刘书明、吴顺君等人，这些成员主要来自军用机教研室、雷达教研室和当时保铮所在的脉冲教研室等。②

1974年底，我们组成了一个科研班子，就在我那个教研室，那时候我是教研室副主任。我给小组做了一个编号，叫210小组。③

研制动目标显示器

研制动目标显示器，首先要把模拟信号变成数字信号，然后对数字信号"去伪存真"。先是要对接收到的雷达信号进行取样。一般在一个脉冲里取样两三次，当时法国的指标是1微秒，保铮的科研小组提出的目标是

---

① 保铮访谈，2012年12月19日，西安。资料存于采集工程数据库。
② 彭学愚访谈，2013年12月23日，西安。存地同上。
③ 同①。

0.2微秒，即5兆带宽。①

按照分工，保铮负责整体把控，周德新负责采样和A/D变换（模拟信号转变为数字信号），彭学愚负责存储，吴顺君负责运算，刘书明负责模拟运行。

当时的工作基本上有参考蓝本，不完全是自己琢磨出来的。例如，如何存储，需要用什么器件，该器件有什么功能等，都有参考资料。当时美国有一个数字信号处理专利已经解密，小组参考了这个资料并将其实现。

实现方案最关键的部分是采样和A/D变换。采样后，A/D变换必须在零点几微秒内完成，这是难度最大的一步。没有这个部分，就没有数字信号，更谈不上如何处理信号了。因此，A/D变换部分集中了较多人力。

图7-2　1979年12月，保铮与同事在调试设备

---

①　脉冲取样时，生成一个10微秒的脉冲和1微秒的脉冲，它们对应的带宽分别为0.1兆赫兹和1兆赫兹。

第七章　一个自主的开始

研究人员的工作重点是制作 A/D 变换器，即把模拟信号转换成数字信号。今天，只需一个很小的集成电路就可以解决 A/D 变换的问题，但当时国内没有现成的器件可用，又不能从国外进口，研究人员陷入了困境。

科研小组尝试用一块大板子将许多元件组合在一起，制作出 A/D 变换器。为了实现检测功能，需要购买一种叫作"比较器"的器件。当时，上海复旦大学和北京东方厂有这种器件，不过都要按照计划优先供应有关单位，院校要想购买这种器件是很困难的。保铮就想办法通过与 720 厂总工的关系，间接地从 720 厂购买到了比较器。

除了购买设备的困难，科研小组成员的知识结构也存在缺陷。当时，学院的科系划分很明确：雷达专业的学生学习发射机、接收机、显示器和电路系统等知识；计算部分则是计算机系的教学内容，不在雷达专业讲授。可是，计算机、雷达、通信、火控这四大核心部分对雷达控制系统不可或缺，雷达研究人员都应该掌握。此前，小组成员接触的都是传统的雷达接收机，对数字电路的知识接触很少，雷达专业的老师要想做好显示部分的计算，就需要学习计算机知识。为了弥补这部分缺陷，小组专门请来计算机系的老师，从最基本的门电路开始学起。其实，按现在的眼光看，小组成员们学习的波尔代数、加法器、乘法器等知识都很基础，但对于从没有接触过计算机知识的科研小组成员们来说，仍然花费了不小的力气。

小组研制数字动目标显示器的工作是紧张而繁重的，不论是补充新知识、购买设备、调试机器，都有很多要解决的问题。除了要克服这些研制工作中遇到的困难，科研环境也令人忧心。首先是政治运动的冲击，频繁的政治运动，让小组成员们不得不抽出宝贵时间参加没完没了的"批判会"。再加上 1976 年唐山大地震后全国各地发生多次余震，西安也被波及。为了安全，晚上大家都要睡在简陋的防震棚里，平添不少麻烦。在这样的情况下，小组成员们没有丝毫松懈，抓紧一切能够利用的时间，夜以继日地工作。按照保铮的计划，小组分两步解决问题，先研制 0.5 微秒动目标显示器，再研制 0.2 微秒动目标显示器，最终按计划完成了研制任务。①

---

① 保铮：在西安电子科技大学学习和工作的片断。1999 年，未刊稿，存于西安电子科技大学。

1976年秋，经过一年多的奋斗，0.5微秒通用数字动目标显示器样机终于研制成功。这台样机在电路和系统方面做了许多改进，弥补了国产器件性能的不足。是年冬，保铮与生产模拟电路雷达信号处理机的宝鸡782厂联系，将小组研制的样机装上设备进行实验。结果发现，雷达平面位置显示器上的明显亮块都消失不见了，这意味着杂波的干扰被大幅度消除了。当时，整个科研小组很受鼓舞，继续抓紧时间研制0.2微秒的动目标显示器。

1977年秋，中国人民解放军总参谋部四部在烟台召开抗干扰方面的会议。会前，组织方得知保铮带领的科研小组研制成功了0.2微秒的动目标显示器，便邀请保铮在会议现场安装样机作示范演示。现场测试结果很理想，这项工作不仅引起了与会同行的关注，也得到了有关部门领导的重视。

相比传统的模拟电路设备，数字动目标显示器不仅性能优越，而且可靠性和稳定性更高，使用此设备的工厂、科研所的科技人员们对此赞不绝口。以前使用模拟设备时，一旦模拟设备挪位，就必须调整很长时间，甚至隔一段时间才能再开机，而数字设备在任何情况下，接上去就能立即

图7-3　彭学愚在整机联调0.2微秒数字动目标显示器

工作。

此后，这个数字动目标显示器便陆续应用到多个型号的雷达当中。例如，720厂生产的581雷达使用的是超声波模拟延迟线，通过让超声波在水银质的延迟线里穿梭，以达到消除噪声的目的。但是这种办法抗干扰能力差，遇到晃动不能正常工作，使用数字技术就不存在这个问题。科研小组与720厂合作，使用数字技术的581雷达从此开始安装到驱逐舰上。

跟法国设备相比，保铮科研小组研制的数字动目标显示器性能更出色。此后，雷达显示技术的发展潮流果然同保铮小组采用的方案相一致。

这项技术最重要的意义是在国内率先把数字技术应用到雷达中去。这项具有开创性的工作，对我国雷达技术发展的重要性难以估量。当时，受保铮小组带动开始研究雷达数字信号处理的单位面临的最大问题，就是器件购买，有一些单位甚至不会做A/D变换。他们带着具体的技术问题找到保铮，希望能够得到帮助。①

《当代中国的电子工业》一书对保铮"文化大革命"期间的学术成就作出了评价："西北电讯工程学院保铮教授在数字化信号处理方面不断探索，在恶劣环境下坚持研究工作，取得了显著成果。"

动目标显示器研制成功以后，获得了多项奖励。0.2微秒数字信号动目标显示器1978年获陕西省科学技术成果奖、1980年获四机部电子工业科技成果奖一等奖，得到了国家和同行的认可。

学院恢复建设

1977年，学院恢复职称评定，每所高校有两个高级职称名额。这一次，保铮评上了副教授。同年，重庆通信工程学院邀请保铮去讲学。阔别14年后，保铮终于又见到了恩师毕德显。

---

① 保铮访谈，2012年12月19日，西安。资料存于采集工程数据库。

见到毕德显之前，保铮对恩师在"文化大革命"中所受的迫害已有所耳闻。但是，见面后，毕德显对自己的遭遇只字不提。保铮还了解到，唐山大地震后，毕德显悄悄给灾区寄去了一万元救灾款，后来由于国家不接受个人捐款而被退回，这才为人们所知晓。恩师的品格和风范再次深深触动了保铮。[①]

学院恢复正常教学后，学科设置也进行了调整。1978年1月，学院二系（现在的电子工程学院）制订了1977级雷达工程专业教学计划。计划中提出，要努力使"雷达（侧重线路）方面有科研、生产试制及教学能力的技术人才"。随后，雷达工程专业课程也进行了相应调整。[②]在这次调整中，自动化航空系统等专业被撤销。在专业大调整的同时，为了解决"文化大革命"后高等院校教材紧缺的问题，西北电讯工程学院承担全国统编教材编写任务34种，审查任务27种。学院对教材的编写和审查工作十分重视。保铮也承担了部分教材编写和审查任务。他与戴树荪合作编写了《数字技术在雷达中的应用》，审查了成都电讯工程学院编写的《雷达信号的数字处理》。

在保铮的学生时代和早期的教学生涯中，雷达专业的课程设置是以装备分科，而不是像今天这样按照学科分科。当时这样设置课程的目的是为部队培养雷达专业的技术人员，这些技术人员对装备有非常具体的了解，毕业后就能直接投入工作。但是，这种方法不利于学生深入掌握理论知识、了解装备的基本原理，有很大弊端。打个比方，如果从数字信号处理的原理去理解，动目标显示器就是一个比较简单的数字滤波器，取样一个周期后相减，就可以消除杂波，实际上可以看作是数字信号处理技术的一种应用，相当于一个滤波器。但对于按装备分科思路培养的学生，看清这一本质是较困难的。

从按装备分科到按学科分科、从教学转向教学科研并举，这在今日看来是势在必行的转变，但在当时对于保铮这样一批受苏联教育影响，又历

---

① 保铮：毕德显老师永远活在我们心中。见：杨学生，卫亚伟，余光烈编：《毕德显》。北京：中国科学技术出版社，2002年。

② 1977级雷达工程专业教学计划（修订稿）。存于西安电子科技大学档案馆。

经多年政治运动磨难的一代人来说，面临的困境和挑战是可以想到的。无论是科研水平还是知识水平，都有很大的短板要补。"科研发展与学科发展紧密相关"这一理念，现在看来再寻常不过，可当年的师生们都经历了消化这一观念的过程。

在研制出动目标显示器后，保铮认识到数字技术发展的重要性，萌发了开设数字信号处理课程的想法。作为脉冲教研室的主任，保铮主动申请砍掉脉冲电路课，在研究生中开设数字信号处理课程。他不但自己加紧学习数字信号处理方面的知识，还带领原来讲授脉冲电路的老师们一起学习数字电路知识，并参加到新课教学中。这样，1977级以后的研究生，就没有再上脉冲电路这门课了。

> 那个时候我胆子比较大，之前人家知道我是搞脉冲电路的，脉冲电路是模拟电路。后来数字电路出来了以后，我总觉得脉冲电路没有发展前途了，它已经走到尽头了，我就把这个课给砍掉了。[1]

保铮率先开设的数字信号处理课程，在一段时间内，都是领先于很多其他高校的。如今，数字信号处理已经是西安电子科技大学的精品课程。

当时，能够顺利开设这门课程，保铮也是有备而来的。70年代中后期，他在书店买到了奥本海姆《信号与系统》的影印本，这本书是他最初接触数字信号处理方面的知识来源，也是后来学习数字信号处理的主要蓝本。在学习数字信号处理的具体内容之前，保铮就意识到电子管一定会被晶体管取代，也意识到模拟电路将要慢慢演变为数字电路。在持续的学习中，他对这一趋势的理解越发深入。

保铮还看过美国人维吉尔的《自适应信号处理》，这本书跟保铮的想法非常合拍。保铮曾设想，做信号处理不能只做简单处理，还要根据信号的性质能够自适应处理。[2]

课余时间，保铮邀请了数学系的老师来讲课，补充自己的数学知识。

---

[1] 保铮访谈，2012年12月19日，西安。资料存于采集工程数据库。

[2] 同[1]。

但数学知识如何在实际中应用，如何与工程技术结合起来，这是需要工科专业的老师去拓展的。数字信号处理作为专业基础课，如何在雷达、通信工程中实际应用，也是学科建设中需要解决的问题。

1979年11月，保铮领导的电路教研室制订了《1979年信号系统教学大纲（讨论草案）》，课程计划为80学时。大纲明确该课程的目的和任务是研究线性时不变、时间连续系统和线性时不变、时间离散系统的各种分析方法，为学习通信、雷达、自动控制等专业准备必要的理论基础。课程的基本要求包括：深刻理解系统状态，掌握连续系统和离散系统的各种分析方法；了解门限信号的表示方法等。大纲中还提出，该课程应在学完数学分析、微分方程、复变函数、线性代数、线性电路分析基础、晶体管放大电路等课程之后开设，一般应在第五学期开设。①

1980年前后，保铮给研究生讲授数字信号处理课，曹天顺担任辅导教师。

图7-4　20世纪80年代，保铮为研究生上课

---

① 1979年信号系统教学大纲（讨论草案）。存于西安电子科技大学档案馆。

图 7-5 保铮在辅导学生

开设数字信号处理课程是保铮一段重要的经历。由发展科研到考虑学科建设，这段经历锻炼了保铮。1984年，保铮担任西北电讯工程学院院长后，抓科研的思路也是从加强学科建设方面入手，他亲手培育的信号与信息处理学科成为学院最具特色和竞争力的专业，曾在全国的二级学科评估中与清华大学并列第一。

第八章
敢为人先的开拓者

他那时候已是 60 多岁的老先生了,没有学过这些知识。我给他一讲,他就很快搞懂了——我是中国第一个搞懂的,他是第二个搞懂的。

研制动目标检测器

随着学校的工作逐渐步入正轨,数字信号处理学科的研究团队不断发展壮大。1974 年,保铮带领 8 名科研人员成立了动目标显示研究组,隶属于二系。1978 年,经电子工业部批准,学校成立了信息科学研究所,下辖通信研究室和雷达研究室两

图 8-1 电子工程研究所成立大会

个独立研究实体，雷达研究室由动目标显示研究组发展壮大而成。1985年，雷达研究室从信息科学研究所独立出来，成立了电子工程研究所。

20世纪70年代，动目标显示研究组成功研制动目标显示器（Moving Target Indicator，简称MTI）后，保铮一直紧盯国际雷达数字技术发展前沿。1981年左右，他了解到美国麻省理工学院林肯实验室研制出了动目标检测器（Moving Target Detector，简称MTD），敏锐地判断出这将是雷达数字技术发展的重要研究方向。他随即做出研制MTD样机的决定，并组织科研人员翻译相关资料进行学习。研制MTD样机当时在国内是十分领先的工作，清华大学的一个团队也在同时开展这方面的研究。

MTI本质上仅是把静止或低速的杂波滤除掉，只改善信杂比，不能改善信噪比。MTD则不同，它把录下的信号数字化并通过一个数字滤波器组进行滤波，滤波器组中的每个滤波器负责检测不同径向速度的运动目标。由于每个滤波器比接收信号具有更窄的带宽，因此MTD可以实现杂波抑制和噪声抑制，同时提高了信杂比和信噪比。在雷达运动目标检测中，MTD和MTI也可以联合使用。

基于当时数字滤波器技术实现上的困难，保铮经过仔细思考，决定课题组的MTD研究分成两步走：第一步是研制硬件实现的MTD。硬件实现虽然也是数字实现，但数字信号处理流程是完全固定的，只能应用于特定的雷达。第二步再研制可编程的动目标检测器。不同于硬件实现的MTD，可编程的数字动目标检测器可以通过编程灵活改变信号处理的参数设置和部分流程，有更好的通用性，可以应用于不同型号的雷达。与数字MTI相比，MTD样机的最大特点是数字化和可编程。

1982年，动目标显示研究组研制的第一代（就是硬件实现的）MTD样机在山东济南的大山[1]进行了性能测试。

> 泰山前面有一座山叫大山，大山顶上放了一部雷达，这部雷达就是从法国买的那个雷达。我们把自己的处理样机装上去试验，我们的

---

[1] 地名，位于泰山周边的一座山。

测试效果要比法国雷达好很多。这个处理样机已经不是 1976 年研制成的那个早期版本，而是它改进后的新处理样机。①

大山试验成功后，动目标检测器样机就算完成了。但由于样机基本上是用硬件来实现，所以体积较大，是个一人多高的"大柜子"，里面由各种滤波器件构成。这个设备虽然性能好，技术上也很先进，但体积大，距离实际应用还有一定的差距。

为此，课题组开始琢磨用软件替代硬件。这样做出来的 MTD 不但体积小，性能还会有提升。于是，课题组立即着手研制用软件替代硬件的第二代 MTD 样机。第二代设备要小巧得多，经过几次改造升级，数字 MTD 从最初的"大柜子"变成了一个小巧的"盒子"，小型化和可编程使得研制的数字 MTD 能够在多个型号雷达上推广应用。

保铮领导电子工程研究所研制出了我国第一台动数字化、可编程动目标检测器后，课题组和清华大学的团队同时申报了国家科学技术进步奖。最后，两个团队一起获得了这个奖项。

完成动目标检测器项目后，保铮继续关注雷达科学技术的新进展。他注意到抗干扰问题是雷达实际应用中一个很重要的发展方向。雷达要生存，必须能够应对敌方的各种干扰手段，雷达在强干扰环境中工作，不只天线主瓣受到干扰，副瓣也会受到强干扰，而且干扰从副瓣进入的方向是未知和变化的。因此，采用自适应旁瓣相消技术才是解决问题的关键。保铮抓住了这个方向，在没有经费支持的情况下，组织团队和研究生进行科研攻关，很快就取得了研究成果。1982 年，保铮带领的团队研制出了对系统多路不一致性有一定自矫正能力的雷达天线自适应旁瓣相消器。

1982 年 10 月 18—20 日，国际雷达会议在英国伦敦召开，这是西北电讯工程学院第一次受邀参加这种级别的会议。强伯涵代表学院出席了会议并在会上宣读了保铮、彭学愚、张守宏合写的学术论文《动目标检测处理器抑制气象杂波的研究》。这是电子工程研究所在保铮带领下把数字 MTD

---

① 保铮访谈，2012 年 12 月 19 日，西安。资料存于采集工程数据库。

技术应用的进一步拓展。由于雷达技术的特殊性质，会议上宣读的论文并不代表各国最前沿的研究水平，但国际会议的交流能够让我们了解到国际上雷达发展的总体情况和发展趋势。国际雷达会议大会主席、英国海军水面武器研究中心的 K. F. Slater 教授谈到了雷达信号处理的发展情况和发展趋势时讲道：

> 雷达的许多方面受到第二次世界大战以来科技进步的强烈影响，其中最重要的是信号处理的改善。高速数字技术、廉价而大容量的存储器以及多层次的可编程结构使得对于高分辨远程雷达也能实现逐个分辨单元存储和处理雷达信号，由此而得到的动目标显示改善具有重大意义。[1]

K. F. Slater 教授的讲话说明保铮对雷达发展上"数字化、可编程"等研究方向的把握十分准确，符合国际上雷达发展的趋势。这对我国雷达发展跟上国际前沿非常关键。由于信号处理能力的不断增强，使得采用更复杂的处理方法和算法以及自适应选择发射信号成为可能。多种信号形式的选择和与目标环境的自适应匹配开辟了雷达多种能力的提升，提高了雷达精确测量距离与多普勒速度的能力，增强了雷达的抗干扰能力，奠定了多功能雷达实现的基础。

当时国内召开的几次学术会议也反映了 20 世纪 80 年代初我国雷达信号处理研究的整体状况。1981 年 12 月，中国电子学会在北京召开了信号与信息处理学会会议，会议论文涉及基础理论研究、系统及软硬件设计与实现、工程技术应用等诸多方面，雷达动目标检测和抗干扰是会议论文的主要技术方向之一，保铮同我国雷达界的知名学者张直中都出席了这次会议。[2]

1983 年 10 月 17—21 日，中国电子学会雷达学会第二届年会在西安举

---

[1] 强伯涵：1982 年国际雷达会议介绍.《西北电讯工程学院学报》，1983 年第 1 期，第 129-130 页。

[2] 信号与信息处理学会侧记.《电子学报》，1982 年第 2 期，第 55 页。

行。这次年会上，保铮作了《雷达信号处理发展前景》的专题报告。这次雷达年会新技术内容多，涉及雷达的研究领域包括了除雷达成像和毫米波雷达整机之外的各个方面。①

1986 年，在第一代 MTD 样机的基础上，保铮带领课题组研制出我国第一部可编程动目标检测信号处理样机。他提出了一个低速目标检测的新方案，使得 MTI 低速目标检测性能差的问题得到了很好的解决。

对于 80 年代初期国内动目标检测技术的研究情况，可从 1985 年 12 月 3—5 日在北京召开的动目标检测技术交流会的会议简报上了解到大概情况。这次交流会由信号处理学会雷达信号处理学组、北京电子学会雷达专业分会、总参四部科技委雷达组共同发起，有院校、研究所、部队、工厂的 18 家单位参加。毛二可② 参加会议并作了小结：

> 从会议发表的论文来看，(这次会议)比较全面地反映了我国在雷达动目标检测信号处理方面的情况。有的院校和研究所做了不少工作。在理论上和实践上均取得了很大的进展，有些方面已接近世界水平。③

虽然小结中没有给出院校和研究所的具体名称，但西北电讯工程学院无疑是包括在内的。

建立学生研究团队

1981 年，保铮开始招收硕士研究生，沈福民和王青林成为他的第一批

---

① 袁熹：全国第二届雷达年会在西安举行。《西北电讯工程学院学报》，1984 年第 1 期，第 29 页。

② 毛二可（1934- ），内蒙古自治区赤峰市人，雷达、信息处理技术专家，中国工程院院士，北京理工大学信息与电子学院学术委员会副主任、教授、博士生导师。

③ 毛二可：动目标检测技术交流会小结。《信号处理》，1986 年第 1 期，第 42 页。

硕士生。沈福民入学后，在保铮的指导下做自适应旁瓣相消方向的研究工作。1982—1984年，保铮和沈福民先后在《西北电讯工程学院学报》上联名发表论文《用单延迟节滤波器改善雷达天线自适应旁瓣相消》和《自适应天线旁瓣相消系统辅助天线放置的研究》。这两篇论文奠基了自适应旁瓣相消的理论基础。

雷达信号处理理论成果的快速转化对我国国防建设至关重要。自适应旁瓣相消理论研究完成后，保铮开始考虑其硬件实现问题，加快理论成果的转化。他决定研制一部自适应天线旁瓣相消器。为此，他特地把张守宏从二系208室借调到电子工程研究所。张守宏（1938—2021），1964年毕业于西北军事电讯工程学院雷达导航专业并留校任教，曾两次获得国家级科学技术进步奖。他的动手能力非常强，数字电路发展之后，他很快掌握了数字电路硬件制作的诀窍。有了他的加入，团队很快就完成了我国第一台自适应天线旁瓣相消器样机。

简单来说，自适应旁瓣相消器的作用是对抗雷达的有源干扰。雷达和电视台是同一个频段，常常受到地方电视台的干扰。安装了自适应天线旁瓣相消器后，即便不知道干扰源位置及其工作频率，雷达也会在扫描过程中自适应地把从旁瓣进来的干扰消除掉，保证了在干扰环境下的正常工作。这台自适应天线旁瓣相消器样机是我国第一套雷达自适应信号处理系统，测试效果很好。该样机研制成功后，保铮组织学生翻译和撰写了大量技术资料，为国内多家雷达研究所的雷达研制提供了配套帮助，为这项技术在国内的推广应用提供了坚实的支撑。

1982年9月—1985年12月开展的"抑制有源干扰的空域滤波——自适应天线旁瓣相消"研究成果于1988年获得了国家科学技术进步奖三等奖。作为该课题的负责人，保铮早在1979年就开始了该技术的前期研究，并就一些基本理论和实际问题给出了具有重要价值的观点和论述。保铮的主要创造性贡献包括：提出了用单延迟节FIR滤波器改善稳态相消性能的理念，并提出了缩短收敛时间的具体方法，对该领域的深入研究和推广应用具有重要的参考价值；提出了"空间模糊"的概念和解决空间模糊的方法，这对雷达辅助天线的设计和配置研究具有重要的指导意义。

1982 年，保铮招收了第二批硕士生，张玉洪和李刚。由于相关教材缺乏，为了让学生快速掌握学科的最新知识，保铮让学生们认真阅读期刊《信号与处理》每一期的相关论文，要求学生们每周都要到他家里一起讨论问题。1984 年以后，保铮招收的研究生逐渐多了起来，学术讨论活动进一步扩大为正式的学术讨论班。学术讨论班每周至少进行一次集体研讨，学生或老师轮流就不同学术问题进行报告、交流和讨论。此后，学术讨论班成为保铮研究生培养的长期活动，这一传统一直在坚持和传承。

1984 年 1 月 13 日，保铮被国家增列为博士生导师[①]，他所在的通信与电子系统学科成为"文化大革命"后国内首批具有博士学位授予权的学科，学校也成为国务院学位委首批批准的具有博士、硕士学位授予权的单位。随后，学校设立了研究生部，统管硕士生和博士生的培养。当时的西北电讯工程学院只有两名博士生导师，胡征和保铮。

1985 年，保铮开始指导博士研究生。当年，全校仅有六名博士研究生入学，其中王震宇、张玉洪和邓文彪三人由保铮指导。在保铮的安排下，三位博士研究生选定了雷达领域三个不同研究方向：王震宇研究空时二维信号处理，张玉洪研究稀布阵列反隐身雷达，邓文彪研究雷达成像。后来这三个方向都发展为雷达信号处理领域的重要研究方向。学校博士生培养工作刚刚起步，不但没有先例可循，连现成的教材也没有，保铮就让博士生看英文版的《空时二维信号处理》。

招收博士生在保铮的学术生涯中有着重要的意义。通过培养博士生，学校的科研水平和研究力量有了提高，也使保铮有更多精力在学科领域做探索性的研究。

保铮开展的很多科研工作常常是着眼于国家需求、满足雷达研制单位的应用需求、来源于自己对雷达领域发展的学术洞察力，这一时期的研究工作也奠定了保铮"顶天立地"的人才培养和科学研究理念的形成。

当时我国军事领域的科研经费很少，开展研究有时是没有经费支持的。1992 年，雷达信号处理重点实验室成立前，国家战略重点向经济建设

---

① 1995 年之前我国的博士生导师由国家组织统一评定审核。

转移，密切联系国防的雷达行业过了一段时间的"穷日子"和"紧日子"，科研经费的大幅压缩对以电子科技预研为主的高校科研有着很大的冲击。对于保铮的研究团队来说，这是一段科研道路上的艰难岁月，因为没有国家任务，科研经费少，只好四处"找米下锅"。老师们无奈放弃了原来的研究，搞起了民品开发。也正是这个时期，电子工程研究所开发出一批民用科技产品，如 EE 系统逻辑分析仪、低频信号源、EPROM 编程卡、青光眼治疗仪、火灾报警器、服装 CAD 软件等，其中有些产品还获了奖，取得了国家专利。

保铮也曾一度考虑去做地震信号处理方面的研究工作，还曾专门到河北涿州国家石油物探局了解地震信号处理方面的问题和需求情况。后来，随着国家经济的发展，来自国家的电子预研任务逐渐多了起来，保铮又回到了他热爱的雷达信号处理领域。①

空时二维雷达信号处理与机载预警雷达

2015 年 9 月 3 日，中国人民抗日战争暨世界反法西斯战争胜利 70 周年的阅兵式上，我国自主研制的新一代预警机"空警-2000"首秀，成为世界关注的焦点。

预警机即空中指挥预警飞机，是拥有整套远程警戒雷达系统，用于搜索、监视空中或海上目标，指挥并引导己方飞机执行作战任务的飞机。对我国而言，预警机的研制成功是具有里程碑意义的重大国防工程，其中机载预警雷达（Airborne Early Warning Radar，简称 AEW）的研制是预警机的重中之重。

我国预警机雷达的成功研制与保铮有着密切的关系。保铮对于机载预警雷达的关注，最早缘于他参与的"空警一号"预警机的研究。"空警一

---

① 保铮访谈，2013 年 4 月 4 日，西安。资料存于采集工程数据库。

号"于 1967 年开始研制，由苏联"图-4"轰炸机改装，是我国研制的第一架预警机。"空警一号"使用测高雷达作为机载雷达，在探测低空目标时，受地面杂波影响，效果非常差。1971 年 9 月，"空警一号"的研制工作由于多方面的原因下马了。

"空警一号"的研制工作虽然终止，但地面杂波影响的问题一直萦绕在保铮的大脑中。他认为，预警机雷达是我国国防建设不可能永远缺席的关键领域，因此不断思考如何消除机载雷达向下探测时受到的地面杂波的影响。由于飞机的运动使地面杂波出现明显的多普勒谱扩展，这样就要求预警机雷达的发射和接收波束有极低的副瓣电平。然而，由于有源相控阵天线的系统精度限制，极低副瓣电平的发射和接收波束在工程上很难实现，必须立足于现有条件，从信号处理理论和方法上解决问题。对于机载平台，地面杂波在空间和时间上有很强的耦合性，虽然在一维的多普勒域地面杂波的谱具有很大的带宽，但在空时二维平面上地面杂波的谱局限于很窄的两维区域。因此，对机载雷达接收的数据进行二维处理后，不想要的地面杂波就可以得到抑制了。空时二维自适应处理（Space-Time Adaptive Processing，简称 STAP）就是沿着这个思路发展起来的雷达信号处理方法，受到雷达界的广泛关注，逐渐成为雷达信号处理的研究热点和应用重点。

在空时二维自适应处理的理论研究方面，早在 20 世纪 70 年代，美国自适应传感器有限公司的 L. E. Brennan 等人就基于最大检测概率原理提出了著名的最优处理器，它是空时二维全自适应的，对雷达天线旁瓣没有特殊要求。L. E. Brennan 同时指出：空时二维全自适应处理比通常的空时分开级联自适应处理性能要好得多，但其设备量和运算量十分惊人，实际中是难以做到的。为了得到工程上可实现的空时二维自适应处理方法，世界各国的科学家和学者做了许多探索工作。具有代表性的研究工作是德国科学家 R. Klemm 提出的"辅助通道法"。这个方法是天线旁瓣相消概念在空时二维场合中的推广应用，虽然减少了一些运算量，但仍难以在工程上实现。总之，Brennan 和 Klemm 的方法都是把对天线超低旁瓣的要求转移到信号处理方面，使得信号处理过程过于复杂以致无法实现，预警机地面杂波有效抑制的问题远未解决。

　　Brennan 和 Klemm 的方法虽然具有理论意义，但并不能在实际中得到应用。保铮带领的研究小组开展空时二维自适应处理研究时，仅有不完善的理论作为支持，而实际应用完全无先例可循。这也意味着我国预警机雷达的空时二维自适应处理方法研究必将是一块必须啃但又非常难啃的"硬骨头"。

　　20世纪80年代，保铮敏锐地认识到，国际上最新发展的空时二维信号处理是雷达领域的重要研究方向。1985年招收第一届博士生后，保铮就立刻安排博士生王震宇从事这方面的研究工作。当时国内没有人涉及这方面的研究，也没有相关资料可供查询，只能依赖少量的外文资料。在没有经费支持的情况下，保铮组织学生在学术讨论班中充分讨论、集思广益，开始了空时二维信号处理研究工作的艰辛起步。

　　1988年，保铮研究小组在空时二维信号处理项目上拿到5万元预研经费，研究条件有了一些好转。9月，王震宇完成了他的博士论文《多维自适应信号处理及其在雷达中的应用研究》后毕业离校。不久，张玉洪博士毕业并留校任教，他跟随保铮继续做空时二维的预研课题，成了保铮研究小组的骨干。这两位博士的学位论文后来成为研究团队新加入的研究生的入门学习资料。

　　1989年7月，在河北承德召开了一个关于机载预警雷达研制的会议，张玉洪作为技术专家参加了这次会议，作了空时二维信号处理研究的学术报告。当时，保铮带领小组在这方面的研究是开拓性的，国内雷达领域的有些研究人员还不能够完全理解报告的内容，与会人员关于报告内容进行了热烈的讨论和交流。

　　　　有专家评价说，我们的报告经过了独立思考和深入研究，跟西方的研究是平行的。我们很自信，这个报告是我们四五年研究的成果。会后，主持会议的电科院总工给我们反馈意见说："你们的报告虽薄，但是还是很有内容的。"[①]

[①] 张玉洪访谈，2016年7月10日，西安。资料存于采集工程数据库。

因为机载预警雷达属于战略装备，国外研究都是在保密状态下进行的，除了概念、外形和少量公开的功能性指标，其他都是空白。保铮克服困境，带领研究小组继续在原有工作基础上深入研究。由于缺乏资料，新一代机载预警雷达论证过程非常艰苦，一些专有名词都是研究小组自己定义的。除此之外，研究工作在时间上很紧张，第一年就要拿出方案并接受评审，而方案不只解决纯理论问题，还要考虑生产中的技术问题。

1990—1991年，廖桂生、王永良、杨军、杨克虎、吴仁彪、张庆文、张青富、李有明、王春宁、王民胜等相继入学攻读博士学位。这些博士生的加入壮大了保铮团队的研究力量，他们中几乎一半人加入空时自适应信号处理研究小组。

1990年，研究小组完成了对相控阵机载预警雷达的信号建模和分析，对关键技术及其指标要求做了系统分析，并撰写了一部200页左右的《发展型机载预警雷达技术的研究报告》。

当年做空时二维信号处理的博士生们，至今还记得保老师"飞鸽传书"的故事：1991年，保铮与张玉洪在北京西山宾馆参加关于预警机研制问题的会议。晚饭后两人一起在宾馆外散步，保铮突然想到："我们原来根据R. Klemm的思路，只考虑了一个俯仰角，可实际情况是雷达天线的俯仰方向图不可能做到一致，有几个距离环的杂波会同时到达雷达，产生距离模糊问题。如果把距离模糊问题纳入进来重新考虑，现在的推导结果可能完全不对！"保铮急忙回到宾馆，把这个问题写在纸上，托人把纸条带给正在西安紧张工作的博士生们。这个问题非常重要，如果没有及时提出，就会使正在进行的研究走向错误的方向。保铮以他的敏锐和决断，及时把握了研究方向，带领团队持续深入研究，在机载预警雷达空时二维自适应信号处理领域取得了丰硕的研究成果。

1991年11月，研究小组完成了从系统、信号处理方案到硬件构成的全部机载预警雷达信号处理方案论证，形成400页左右的《机载预警雷达实验系统时空二维自适应信号处理方案的论证报告》。这部论证报告连同1990年完成的《发展型机载预警雷达技术的研究报告》，奠定了我国预警机雷达研究发展的理论基础。1994年，张玉洪出国工作，发现当时研究小组做的工作基本与美国是平行的。①

1992年初，研究取得新的进展，保铮与廖桂生、张玉洪合作的论文《一种用于相控阵AEW雷达杂波抑制的新方法》发表在《西安电子科技大学学报》1993年第1期上。这篇文章中提出"由天线和信号处理两方面共同承担消除杂波的任务"的新方法，这个方法通过对时域、空域预加权来减少杂波子空间的维数，从而大大简化了信号处理过程。

至1993年，机载预警雷达空时二维自适应信号处理的研究已经持续了五年。这个项目成了电子所发展史上的一个转折点。项目开始之前，所里的条件很简陋。吴仁彪还记得他刚入学的时候，所里只有一台286计算机，白天廖桂生用，夜里吴仁彪用；所里只有一台针式打印机，还经常被别人占用，于是，保铮专门写了一个"机载雷达组专用"的纸条贴在打印机上。这个项目开始之后，科研条件得以改善，起码每个人有了一台计算机。

春 风 化 雨

在相控阵机载预警雷达研究小组中，当时已身兼校长职位的保铮是绝对的领导者，他思维活跃，很多具体方法的基本思路，如"简化辅助通道法""开放法"等都是他提出来的。

1993—1995年，保铮带领学生先后发表《相控阵机载雷达杂波抑制的时－空二维自适应滤波》《相控阵AEW雷达杂波自由度分析》《机载雷达时－空二维部分联合自适应处理》《机载雷达空时二维信号处理》《一种具有容差能力的机载雷达二维自适应信号处理器》等十几篇论文，标志着研究小组在这个课题上取得了重大进展。可以说，保铮团队这个时期的研究奠定了我国机载预警雷达的信号处理的理论基础。

---

① 张玉洪访谈，2016年7月10日，西安。资料存于采集工程数据库。

这些非常前沿的研究也锻炼了保铮的学生们，奠定了他们一生努力的方向。其中，廖桂生、王永良、吴仁彪先后获得了国家杰出青年基金资助，王永良更是在 2015 年当选为中国科学院院士。

> 保老师那时候给我们制定的方向好：一个时间，一个空间，一个自适应。时间和空间是自然界本质的东西，自适应是随着事物的变化而变化，随着环境的变化、系统的变化、对象的变化而变化。这三个合在一起，怎么会不发展呢？怎么会不产生理论呢？怎么会不进入应用呢？时空的自适应信息处理，是大有所为的。[①]

王永良对自己当年写博士学位论文的情景记忆犹新。机载预警雷达和空时二维自适应的研究难度无需多说，一次，他与保铮商讨学位论文时，谈到了课题的困难、自己的压力和目前进展的不顺利。保铮听后，讲了很多预警机雷达研制的意义来鼓励他，还宽慰道："你若做不下去，写出一个'这个技术路径不可能'的博士论文，也是可以毕业的。"在保铮老师的鼓励下，王永良最终顺利完成了博士答辩，学位论文题目为《新一代机载预警雷达的空时二维自适应信号处理》。[②]

小组成员吴仁彪 1994 年博士毕业后，到西北工业大学做航海方面的项目。由于在保铮课题组打下了坚实的基础，到西北工业大学后，他很快就解决了一个关键技术难题，并成功推广到实际应用中。1995 年，在美国举办的国际雷达会议上，空时自适应信号处理被首次列为国际雷达会议征文的专题。此次会议入选的 8 篇宣读论文中，出自保铮研究小组的就有 2 篇；4 篇张贴论文中，保铮研究小组的有 2 篇。吴仁彪在大会上宣读的论文《空时二维训练样本的选取方法》在会议论文评审中排第一名。

这次会议后，保铮研究小组在空时二维自适处理方面的研究工作引起了广泛的关注。当时的国际知名专家，如 R. Klemm 和 A. Farina，都对保铮研究小组的工作非常感兴趣，并开始关注他们的研究工作。后来这几位

[①] 王永良访谈，2016 年 7 月 9 日，西安。资料存于采集工程数据库。

[②] 同①。

国际雷达领域的著名学者都慕名访问过保铮的实验室。因为保铮研究小组取得的成就,国际专家罕见地把中国和美国的研究水平相提并论。的确如此,保铮团队在空时自适应处理的研究水平和美国基本是并驾齐驱的,这在当时雷达技术领域的各研究方向上是很少见的。

在我国预警机雷达的研制过程中,保铮带领研究小组所做的开拓性工作具有重要意义。在后来的预警机雷达研制工作中,保铮一直在信号处理方面给予了全力支持。负责预警机雷达研制的张良是保铮培养的博士,他回忆道:

> 2004年研制预警机雷达时,遇到了空中干扰太强的困难,大家一筹莫展。保老师被请到现场后说:"不用惊慌,地面雷达我们已经搞得很清楚了,空中雷达我们是第一次上去,你怎么知道空中情况是什么呢?先把问题搞清楚,总会有解决办法的。"保老师镇定的态度使大家冷静下来,增强了参与研制的各方人员的信心。[①]

综合脉冲和孔径雷达

在1990年8月爆发的海湾战争中,美国F-117隐身飞机大出风头,美国媒体大肆宣传其不可探测性。F-117飞机代表着隐身技术的发展,说明隐身飞行器已能用于实战。飞机隐身技术的发展对雷达探测技术提出了严峻挑战。反隐身问题,成为雷达界要面对和解决的前沿问题。

1992年6月,中国人民解放军空军第二研究所所长郦能敬在《现代雷达》发表论文《隐身飞机的雷达可探测性》,对反隐身问题做了初步探讨。次年2月,郦能敬在《现代雷达》发表了另一篇论文《隐身飞机与技术——从二次世界大战到海湾战争》,反映出我国军方对这个问题的关注。

---

① 张良访谈,2016年7月9日,西安。资料存于采集工程数据库。

近期隐身技术获得的成功，促使今后各种新型军用飞机、船舰及导弹都可采用低可探测性设计与吸波材料。但与此同时，多种反隐身的雷达探测技术也在发展，包括短波超视距雷达、极宽频带雷达或冲激雷达、毫米波雷达等。隐身技术与反隐身技术的竞赛将激烈地继续下去。①

在郦能敬发表这两篇文章之前，保铮的研究团队已开展了这方面的研究。早在1986年4月，张玉洪就在反隐身技术研讨会上宣读了由他和保铮、彭春林联合署名的论文《用于反隐身飞行器的大孔径随机阵列接收系统——概念、原理研究》。1988年，张玉洪在保铮的指导下完成了他的博士论文《最佳稀布阵列理论及其在高分辨米波雷达中的应用》，他的研究工作为一年后跟踪法国反隐身技术最新发展奠定了基础。

1989年，西安电子科技大学电子工程系的杨万海教授出席法国雷达年会，他带回来一本会议论文集。论文集是用法文出版的，但内容摘要是英文的。在多年跟随保铮的学习中，张玉洪养成了在有限的科技资料中敏锐发现问题的能力，他从杨万海那里借来了论文集，即便看不懂法文，但一篇论文的英文摘要仍然引起了他的关注。摘要描述了一种新体制雷达系统，虽然包括他所熟悉的稀布阵和米波等概念，但这个系统的信号发射和接收方式与常规雷达不同，以前没有见过。张玉洪意识到这篇论文在反隐身方面的价值，立刻向保铮汇报。

保铮对这篇文章十分感兴趣，他请人翻译了全文，还安排张玉洪根据文章的内容进行理论推导和计算机仿真，很快掌握并证实了文中描述的原理。传统的米波雷达虽然对隐身目标有较好的探测性，但因波长较长，分辨率不高，只能粗略地跟踪，不能测距、测高；在反隐身的同时，米波雷达还存在防范反辐射导弹攻击的问题。这些以前难以解决的问题，这篇论文描述的系统都考虑进去了，它不但能有效探测到隐身目标，还能以稀布分散的方式有效避免攻击。

---

① 郦能敬：隐身飞机与技术——从二次世界大战到海湾战争.《现代雷达》，1993年第1期，第26页。

与张玉洪讨论后,保铮很快弄懂了其中的物理概念和机理,掌握了这个全新理论的全貌。对此,张玉洪非常佩服。

> 他那时候已是 60 多岁的老先生了,没有学过这些知识。我给他一讲,他就很快搞懂了——我是中国第一个搞懂的,他是第二个搞懂的。①

1990 年 12 月,在西安召开的反隐身技术研讨会上,张玉洪和保铮联合署名的较长篇幅论文《一种新型的四维米波防空雷达系统——SIAR》,第一次系统地向国内专家们介绍了综合脉冲和孔径雷达(Synthetic Impulse and Aperture Radar,简称 SIAR)这一新雷达系统的概念以及可行性。

由于反隐身雷达在国防建设上的重大意义,保铮此后将其确定为重要的研究方向,紧抓不放。他一方面让博士生张庆文继续从事这个方向的研究,另一方面通过各种场合向有关单位介绍这个新理论,以期尽快获得支持和应用。1991 年 11 月,有关领导在西安评估机载预警雷达方案,保铮抓住这次机会,让张玉洪向与会的领导和专家介绍了全新 SIAR 系统的理论和反隐身的优越性。郲能敬等专家们一致认为,应给予大力支持并尽快研制。会后,电子工业部 38 所所长孙龙祥和副总师阮信畅立即与保铮取得联系,"校所合作"就此开启,使这一新理论很快进入了工程实验阶段。

之后,中国电力科学研究院侯秀英处长特邀保铮的研究团队写一篇关于 SIAR 系统的综述报告。不久,张玉洪、保铮、张庆文联合署名的论文《一种新体制的雷达——综合脉冲和孔径雷达》发表在《电子科学技术评论》1992 年第 3 期上,引起了更大范围的关注。自此,保铮团队的研究工作得到了上级部门的重视。1992 年,在电子工程研究所的基础上建立了雷达信号处理国家级重点实验室。保铮将"雷达反隐身与防反辐射导弹"这一迫切的国防需求,作为重点实验室主要研究方向之一。

在保铮及团队成员的努力下,该研究方向很快取得了多个成果。1992

---

① 张玉洪访谈,2016 年 7 月 10 日,西安。资料存于采集工程数据库。

年，张庆文、保铮、张玉洪发表的论文《一种在接收端综合发射阵列波束的新方法》中写道：

> 隐身技术和反辐射导弹已成为现代军用雷达的两大威胁，人们已从多个方面开展了对雷达反隐身和抗反辐射导弹技术的研究。其中一项简单、有效的措施就是使雷达工作在波长较长的米波波段。不过，米波雷达的角分辨率很难提高。要想提高角分辨率，一种可行方法是采用大孔径稀布阵列。[1]

论文《稀布阵综合脉冲和孔径雷达的接收信号处理》中明确提出了综合脉冲和孔径雷达的概念，描述了 SIAR 接收信号系统的构成、脉冲综合处理的分析、计算机模拟、系统性能分析等几个方面。

> 采用米波或更长波长是雷达反隐身的一项有效手段。为得到较高的角分辨率，同时不使设备过于复杂，其天线应采用一种全新的检测方法概念——稀布阵综合脉冲和孔径雷达。它的发射站采用稀疏分布设置，每一个站点均采用简单的天线作全面辐射，而各个站点发射的信号以正交编码，从而使电波不会在空间形成干涉区，以保证发射的全空域覆盖。[2]

1995 年发表的论文《一种新型的米波雷达——综合脉冲与孔径雷达》更加全面地对 SIAR 的工作原理、工作过程、结构性能及问题作了介绍，不仅详细阐述了概念，还通过与传统雷达和相控阵雷达的比较，从原理和性能上突出了 SIAR 的特点。后来的工作证明，这篇文章对于工程实践具有很强的指导意义。这几篇文章在理论上的探讨是非常领先的，不仅在国

---

[1] 张庆文，保铮，张玉洪：一种在接收端综合发射阵列波束的新方法。《现代雷达》，1992 年第 3 期，第 41 页。

[2] 张庆文，保铮，张玉洪：稀布阵综合脉冲和孔径雷达的接收信号处理。《现代雷达》，1992 年第 5 期，第 32 页。

内最早提出用 SIAR 方案来进行反隐身和抗反辐射导弹，并且给出了理论和工程技术上的分析。

此后，重点实验室与中电集团 38 所合作，继续对 SIAR 进行理论性研究，并共同完成了米波稀布阵 SIAR 的实验系统。该系统采用不同载频彼此相互正交的单频脉冲信号，在接收端通过信号处理分离各路发射信号，形成收发双程方向图。这个雷达系统可以同时形成多个波束，适合多目标环境的检测和跟踪，并且可对目标作四维测量（目标的距离、速度、方位和俯仰），因此具有很好的反隐身和抗反辐射导弹的能力。

参与稀布阵脉冲孔径雷达研制的赵永波教授回忆：

> 稀布阵 SIAR 后来变成了一个装备型号。在做这个雷达的过程中，我经常向保老师请教，接触比较多。这个雷达出来之后，变为一个装备型号，保老师非常高兴。张庆文的博士论文，还有 1995 年保老师发表的那篇论文，我也反复看。读保老师的文章，由薄到厚，再由厚到薄，一次不能消化完。我们在做雷达的过程中遇到问题，再去读保老师的文章，发现我们遇到的问题，文章中早就预料到了。[①]

现在的雷达界已熟知，稀布阵 SIAR 是一种全新体制的雷达，其原理与常规雷达相比有许多不同之处。SIAR 的概念，最早由法国国家航天局于 1976 年提出。20 世纪 80 年代后期，法国国家航天局和汤姆逊公司联合研制了性能样机，在实验系统中对该方案进行了验证。出于反隐身和抗反辐射导弹的考虑，SIAR 方案选取了米波波段，为了得到高的角分辨率，必须采用很大的天线孔径。稀布阵 SIAR 采用米波波长、大孔径稀疏布阵、数字综合脉冲与孔径的方法，既具有米波雷达的优点，又克服了米波雷达角分辨率低和抗干扰能力差的缺点，在反隐身、抗干扰、抗损毁和低空覆盖方面表现了较好的综合性能。

除此之外，保铮带领研究团队又提出了一种新的"舰载无源综合脉冲

---

① 赵永波访谈，2016 年 7 月 10 日，西安。资料存于采集工程数据库。

与孔径雷达系统"。该雷达系统利用岸上的大型稀布阵列发射调频段连续波信号，在舰船上安装小型天线接收器，可以设立任意数量的舰船接收站，每个接收站相当于一台"收音机"，从而构成岸舰多基地"广播式"雷达。由于接收站不发射信号，相当于无源定位，从而具有较好的反隐身和抗反辐射打击的能力。有关单位建立了一个雷达试验场和舰船系统进行数据实测，取得很好结果后，该体制雷达的可行性得到了验证。

合成孔径雷达成像与逆合成孔径雷达成像

1987年，国家"863"计划发布第一批项目指南，其中包括"合成孔径雷达（SAR）成像"和"逆合成孔径雷达（ISAR）成像"课题。保铮非常清楚"863"计划的重要性和紧迫性，他坚信雷达成像技术是雷达技术发展的重要方向。他马上安排张玉洪准备材料，着手申请项目指南中的课题。

一开始，保铮本想同时申请SAR成像和ISAR成像两个课题，但经过多方面的考虑，最终决定只申请ISAR成像的课题。他和张玉洪认真准备材料并提交了申请，项目申请成功通过专家组的评审和答辩，ISAR成像研究项目得到了"863"计划的立项支持。

1988年初，ISAR成像研究小组在电子工程研究所成立。虽然小组人员在雷达系统和成像方面已经具有一定基础，但还未对SAR成像和ISAR成像技术做过深入的研究。特别是ISAR成像在雷达目标识别具有重要的军事用途，是当时国际雷达界新兴的高新技术，国外的最新进展也都是高度保密的，只公开了少量信息。ISAR成像研究小组在设备匮乏、数据奇缺、可参考的资料很少的条件下启动研究工作，真是困难重重。

在保铮的带领下，ISAR成像研究小组主要从两个方面入手开展研究工作。一是针对ISAR的特点研究相关成像技术的整体架构。二是针对核心难点，突破ISAR成像的目标运动补偿。ISAR成像的关键是要把非合作目标上关键散射点的雷达回波累积在一起，经过研究小组的数据分析和充分讨论，保铮敏锐地感觉到解决目标运动补偿问题是研究 ISAR 成像取得突破的关键。因此，从 1988 年冬天开始，研究小组全力以赴进行 ISAR 目标运动补偿的研究工作。

运动补偿的实质，就是将运动目标经过补偿转化成转台目标。根据复包络和初相位对补偿精度的不同要求，小组提出了粗－精两步补偿，就是先将散射重心选作参考点（即转台目标的轴心），再对目标的运动进行补偿。

1989 年夏，"863" 计划与雷达成像相关的专家组在清华大学举行 ISAR 成像研究成果评审会。保铮带领 ISAR 成像研究小组参会，报告了创新性很高的 ISAR 成像粗－精两步补偿方法和散射重心对准进行运动补偿的新方案。不过，保铮很清楚这个方案的论证不是很充分，还没有完全掌握目标散射点雷达回波的统计规律。特别是，成像只是根据设定散射点的理想模型作出的算法实现结果，实际情况要复杂得多。ISAR 成像的理论、方法和算法研究还任重而道远。

评审会后，保铮领导的 ISAR 成像研究小组继续对散射重心法相位补偿的统计特性进行论证，经过反复研究，终于得到了预期的成像结果。通过计算机仿真，研究小组证明了散射重心运动补偿方案是有效的，而且分布的散射点越多，随机性越强，补偿效果越好。小组使用这个方法对哈尔滨工业大学 ISAR 成像研究小组的转台目标数据进行成像处理，效果很不错。后来，在 "863" 计划的支持下，航天二院 23 所研制了 400 兆赫宽带地基雷达，录取了雅克 -42、安 -26 以及小型桨状喷气式客机等实测数据。研究小组利用这批宝贵的实测数据，突破了 ISAR 包络对齐、自聚焦及机动目标成像等一系列难点问题。在 ISAR 成像技术的研究中，保铮带领团队不断从实测数据中发现问题和解决问题，践行了他一直提倡的"科学研究要理论联系实际"的理念。2012 年，依托中电集团 14 所马林首席负责的 216 雷达，保铮指导他的学生邢孟道带领研究团队攻克了外层空间高速（速度每秒数千米）目标的 ISAR 成像难题，获取了国际空间站高质量的 ISAR 成像结果。

在科研中，保铮非常重视物理概念的作用，经常问学生"你这个想法的物理机理是什么？"，不断引导和启发学生从物理原理的角度分析雷达成像的本质。保铮整理了团队多年的实践经验和理论成果，同邢孟道、王彤等撰写了《雷达成像技术》一书。该书成为雷达成像领域的必备手册，大家亲切地称它为"保书"。

在开展 ISAR 成像研究的同时，保铮也一直关注着 SAR 成像这一技术领域。2002 年，在国家自然科学基金的支持下，仅依靠从国外获取的一些机载实测数据，保铮带领团队开始了对 SAR 成像方法的初期摸索研究。

图 8-2 《雷达成像技术》封面

同年，吴曼青院士带领中电集团 38 所开始录取机载 SAR 实测数据，保铮亲自带领雷达成像研究团队进行实测数据处理。邢孟道提出的基于实测数据的运动补偿方法协助中电集团 38 所成功获取了第一幅清晰的 SAR 图像。后来，保铮带领雷达成像研究团队依托中电集团 14 所陈国海、倪国新等负责的科研项目，在大斜视高分辨成像算法上取得突破性进展，该项研究成果成功应用于我国的歼系战机。

保铮非常重视对人才的培养，不断鼓励年轻人拓展新的研究方向，并给他们适时地"压担子"。例如，邢孟道作为雷达成像团队的带头人，在机载成像的基础上不断朝弹载、星载等新方向扩展。通过参与航天 704 所李凉海所长负责的科研项目，雷达成像团队开始了对弹载成像算法的研究，并获取了国内第一幅弹载 SAR 图像，该成果成功应用于东风系列弹道导弹等领域；在与国防科技大学梁甸农教授团队合作的"973"课题中，将 SAR 成像研究拓展到星载领域；后来又参与了分布式 SAR、海洋高分辨宽幅 SAR 成像等研究工作，都获得了很好的研究成果和应用效果。

第八章 敢为人先的开拓者

91

随着研究团队的不断壮大，年岁已高的保铮当起了顾问。他让年轻的学科带头人挑大梁，教导他们要"大处着眼、细节着手、放手去做"。近些年来，雷达成像团队在邢孟道教授的带领下不断拓展SAR成像和ISAR成像的研究领域，参与了吴一戎院士负责的"973"计划课题"稀疏微波成像的理论、体制和方法研究"以及洪文教授负责的"多维度微波成像信号处理研究"，发展出了稀疏超分辨成像、前视关联成像、电磁成像、微波光子成像等新的研究方向。同时，受到保铮科研理念和教书育人精神的影响和熏陶，雷达成像研究团队也培养出包括1名"全国百篇优秀博士学位论文"获得者、6名省级或学会优秀博士论文奖获得者在内的众多科研骨干和高校教师，雷达成像成为学校信息与通信工程学科的一个重要方向。

除了SAR成像和ISAR成像技术，保铮还一直在关注着雷达成像的另外一个研究方向——InSAR成像。不同于SAR成像和ISAR成像得到的是感兴趣场景或目标的两维像，InSAR成像通过干涉可以得到额外的目标或场景的高程信息，在军事和民用领域应用都非常广泛。相对于前两种成像技术，InSAR技术的发展较晚。关于保铮带领雷达成像团队开展InSAR成像技术研究的事，保铮指导的博士李真芳和索志勇还记忆犹新。

2001年，保铮有次从北京出差回来，跟雷达成像研究团队说：现在国际上有人开始研究编队小卫星协同工作的技术，该技术能在基本不消耗燃料的情况下保持编队构型，我们应该思考如何把SAR技术用在编队小卫星上形成阵列对地观测，这应该可以大大提升SAR/InSAR的对地观测性能。保铮又一次用他敏锐的洞察力拓展了雷达成像的研究方向。

这一次，保铮把研究任务交给了刚刚转为博士生的索志勇，让他主要负责编队小卫星在SAR/InSAR方面的应用问题进行攻关。"给机会、压担子、出成绩"一直是保铮培养年轻人的理念，他常说的一句话是"给年轻人'压担子'才能作出成绩"。

当时，关于编队卫星的研究少之又少，甚至连搜索文献的关键词都不知道该用什么。这的确是一件从零开始的研究工作。经过一段时间的顺藤摸瓜，搜索到两个关键概念：美国人提出的"TECHSAT21"和法国人提出的"CARTWHEEL"编队小卫星构型。以这两个构型的概念为基础，保铮带领研究团队开始对编队小卫星 SAR 和 InSAR 成像的关键问题进行了梳理，并依托实验室在 2002 年申请了总装备部的预研项目"编队小卫星技术"，开展技术攻关。2003 年，保铮的雷达成像团队与梁甸农教授的研究团队一起申报了"973"项目"编队小卫星新体制"。经过五年的联合攻关研究，联合团队突破了分布式卫星 SAR/InSAR 信号处理的多项关键技术。

在编队小卫星技术研究过程中，保铮已年近古稀，仍然和研究团队一起奋战在科研第一线，几乎每周都开例会讨论项目进展并解决遇到的问题，有时候甚至一周开几次会攻关难题。保铮提出的很多意见和建议对项目研究工作的推进起到了非常关键的作用。

分布式卫星 SAR/InSAR 项目在 2006 年转为航天背景预研项目，经过五年的再攻关，已经具备了型号立项的基础。2010 年，编队卫星 InSAR 项目正式型号立项，保铮的研究团队承担了最核心的信号处理系统研制。2019 年，国内第一个、世界第二个编队卫星 InSAR 系统天绘 -2 号成功在轨运行。回波数据下传的当晚，保铮的雷达成像研究团队就成功获取了高质量雷达图像。

从分布式小卫星开始起步研究到编队卫星 InSAR 系统成功在轨运行，前前后后历经了近 20 年的光阴，每一个研究阶段保铮都付出了大量的精力。编队卫星 InSAR 系统研制是一个漫长的过程，而且还存在和学校对年轻人考核指标相冲突的地方。保铮经常勉励研究团队的年轻人"做科研要耐得住寂寞，坚持自己的研究方向，要做有用的科研"。

2008 年，保铮进行了腰部手术，术后行动不便，他便要求研究团队定期去他家甚至到病房去讨论和汇报研究工作进展。小卫星 InSAR 项目研究团队的成员看保铮的时候，他都会问卫星什么时候上天。2019 年底，研究团队成员将卫星部分产品制作的画册拿给保老师看，病床上的保铮非常高兴和欣慰，不断鼓励研究团队成员"继续努力，做"顶天立地"、既有理论突破又解决实际问题的科研工作"。

第九章
具有科学精神的掌门人

　　此时正值我国改革经历着重大考验而又迅猛向前发展的时期，他勇于负责，真抓实干，体现了较高的思想水平、政策水平和管理水平，学校的工作取得了长足的进步。

天 降 大 任

　　1978年，保铮经林印心和彭春林介绍入党。当时，保铮任电子工程系教研室副主任，主要工作是协助抓教学。由于学校的部队院校传统以及未得到落实的知识分子政策，在很长一段时间内，很少有知识分子能够担任学校中层以上干部，一般能担任的最高行政职务是教研室副主任。

　　1978年初，全国科学大会号召全社会"向科学技术现代化进军"。大会上，邓小平同志郑重提出"科学技术是生产力""知识分子是工人阶级的一部分"。在这个背景下，院党委书记朱仕朴找保铮谈话，希望他来担任系主任。当时，保铮以为学校是派自己协助系主任邓超的工作，没想到朱书记说："学院决定让邓超当副主任，让你当主任。"这样的任命完全出乎他的意料。1979年，保铮被任命为电子工程系主任，是学校里第一个当上系主任的知识分子。

同年，中国电子学会组织电子教育代表团赴日本考察电子高等教育，保铮作为成员参加了这次考察。这是保铮第一次走出国门。他跟随代表团考察了日本电子高等教育，参观了电子企业、研究所，还乘坐了日本新干线高速列车。①

图9-1　20世纪80年代，保铮在办公室工作

1980年10月，保铮到中电集团14所开会，他发现工作人员把自己的职务写成了副院长。后来回到学院才得知，自己已被提拔为副院长，四机部已对外公布这一决定（当时学院隶属四机部管理），通知还未传达到他本人。

1981年，我国恢复学位制。国务院成立学位评定委员会，对高校的学位评定和学科建设工作进行管理指导。保铮被选聘为国务院学位评定委员会工学学科评议组成员。当时，保铮还是副教授，这个聘任又一次让他很意外。

> 国务院成立一个学位评议领导小组，孙俊人把我报上去。他是四机部的副部长，国务院学位委员会委员。后来听孙俊人讲，学位委员会问他："你们怎么把一个副教授给报上来了？"孙俊人说："不要管是副教授还是正教授，主要看水平嘛。"这样就把我安排到评议组里去了。

1982年夏，保铮作为副院长参加了国务院学位委员会、电子工业部和

---

① 保铮访谈，2012年12月19日，西安。资料存于采集工程数据库。

第九章　具有科学精神的掌门人　　95

陕西省高教局召开的研究生培养和学位授予工作会议。当时，学院已经招收了五届研究生（78-82级）。这次会议后，保铮总结了学院培养研究生的经验，于10月29日在学院作了关于研究生培养和学位评定工作的报告。

这是一个尊重知识、尊重人才的时代。中国共产党逐步开启了在教育界拨乱反正的进程，给保铮这样的知识分子带来了希望。

1982年，学院领导班子再作调整，老干部要离开岗位，保铮当时55岁，算是领导班子里最年轻的一位。此时的保铮认识到"文化大革命"十年正是世界科技特别是电子信息领域发展最快的十年，自己在学术方面大大落后了。他认为自己需要集中精力在专业上补课，便萌生了从领导岗位退下来，不担任行政职务、专心科研工作的想法。他将这个想法告诉了老师毕德显，毕先生十分赞同。后来他又征求了孙俊人的意见，孙部长也同他的想法，并对他说："来日方长，今后的任务会很艰巨，你的年龄不算大，要补上专业新知识这一课。"①

这样，保铮便主动从学院领导岗位退了下来，潜心学术。

1984年10月5日，学院领导班子大改组，保铮被直接任命为院长。这是西电第一次由知识分子当院长，是西电发展史上具有里程碑意义的一件事，对于学院发展科研、打破僵化具有重要意义。总体上说，让更多知识分子走上领导岗位，是国家尊重人才、发展科技的大势所趋。

坚定的改革者

保铮始终觉得，自己的优势是学术研究，要他领导课题组搞科研游刃有余，但领导一所学院却经验不足。再加上学院原是部队院校，想要摆顺关系、做好管理，更是困难重重。

走马上任后，保铮面临的第一大难题就是如何处理部队院校固有的

---

① 保铮：孙俊人老师指引我成长。2001年1月25日，未刊稿。资料存于采集工程数据库。

"传统意识"。原先的部队院校是老干部管知识分子，现在却要知识分子来管老干部。学院未转业时，保铮是大尉军衔，老干部们大都是中校、上校，级别比保铮高。然而当院长后，保铮的待遇从行政级别转为高级教授级别，工资忽然比军衔更高的老干部们多了。解决这些新旧交替的问题可不是一件容易的事情。好在，这些经历戎马生涯的老干部思想境界很高，通情达理，都支持党的知识分子政策，支持院长的工作。

保铮要解决的第二大难题是封闭的思维模式。学院虽然早已转为地方院校，但部队院校遗留的封闭意识一直存在，导致和其他院校的联系并不多。"文化大革命"后，学院教学逐渐步入正轨，但中层干部、各处处长不熟悉科委、教委等相关部门，不会主动去争取新的项目。保铮的个性是"要么不干，要干就得干好"。为了改变这种封闭的思维模式，他让机关干部参加各种会议，使他们逐渐接触、了解外面的情况；开阔眼界、发现自己工作中的不足，用开放的心态推进学院风气的变革。

面临变革的还有管理上的僵化。部队院校传承下来的纪律性强、艰苦朴素、国防服务意识都是很好的传统，但是过分强调纪律性却影响了学术自由。例如，学院原来规定教师晚上必须去办公室工作，办公室还要按时熄灯，这样的僵化规定显然和学术研究需要的包容气氛不相容。为此，保铮提出"管理上从严，学术上搞活"的方针。

图9-2　1990年，保铮和杨振宁（左1）等交谈

保铮曾多次讲到，学院的管理工作分为三个层次：第一个层次是保障学院的正常运作，建立比较好的硬件和软件环境，让师生、职工心情舒畅；第二个层次是应当看到差距、特别是跟国外高校的差距，因此要做改革，改变落后的机制；第三个层次是要在学科建设等方面努力做出成绩，在全国高校中体现出自己的特色。① 这三个层次是保铮治校的基本思路。

当时正值改革开放初期，学院处在发展转型期。保铮在担任院长期间，在重大事情上，能够准确把握学院方向，带领学院发展顺应国家社会发展潮流，堪称千般不易，丹青不渝。

保铮任院长时的一个重要作为是把学院工作从"以教学为中心"转变为"以教学和科研为中心"。其实，早在任副院长时，教学与科研并重的想法就在保铮心中萌芽了。当时，学院没有形成做科研的理念，科研氛围不浓，也不具备好的条件去从事科研。有一些国家任务会找学校做，但学校很少主动争取项目。可以想象，在那种环境里提倡科研、发展科研是很不容易的。

大力提倡科研、发展科研，是保铮任院长期间为学校发展作出的重要贡献。1981年11月20—28日，为了贯彻落实中共中央制定的"发展我国科学技术的方针"，学院召开科研工作会议。会上，保铮以副院长的身份作了《积极开展科学研究工作为把我院建设成为既是教学中心又是科研中心而努力奋斗》的报告：

> 今后的科学研究要为发展国民经济和国防建设，为培养高水平的人才服务；在安排上，要以应用理论和应用技术为重点，并重视与此有关的基础研究，同时适当地开展有关的开发研究。一定要把力量相对地集中一下，使某些重点学科发展得更快一些，让它们先上去，尽快达到国内先进水平，使我院有更多的学科和教师能培养和带博士研究生，为国家培养更高水平的人才。②

---

① 保铮：在陕西省高等学校重点学科建设工作会议上的报告。2001年，未刊稿。资料存于采集工程数据库。

② 我院召开科研工作会议。《西电科大报》，1981年12月8日。

学院的学科建设落后，也是当时要解决的一个大问题。国家开始设置博士点时，学院只有一个，从侧面反映出学院学科发展的落后。1986年，叶尚辉争取到了电子机械专业博士点，蔡希尧评上了电路、信号与系统专业的博士研究生导师，保铮也评上了通信工程专业（后划为信号、电路与系统专业）的博士研究生导师，这样，学院就有了三个博士点。增加博士点，做好博士生培养工作，加强学科建设，这些都与做好科研工作密切相关。

增加博士点后，保铮开始考虑扩大学科面，思考从哪些方向拓宽学科的问题，得出了加强物理、数学等基础学科的答案。在他的积极推动下，学院成立了应用数学系和物理系，接着从机械专业分出了电子机械系。学科建设方面的努力令很多教师有了用武之地，大家科研教学创新的积极性格外高涨。理学院的葛德彪教授回忆：

> 全国高校已经开始真正回归教学和科研，这跟"文革"时候相比变化十分明显。1984年保铮担任院长以后，我院的变化也很大。首先，基础学科得到重视。西电过去只有单一的通信、雷达专业方向，其他相应学科都是配套。改革后，物理、数学学科单独成立了系，教师配置和培养方向上强调不仅要能够担任基础课，而且能够有研究方向。之后数学系很快申请到一个应用数学的硕士点，物理系申请到无线电物理的硕士点，当时在国内还是比较早的。这样，学院在基础教学、基础学科有了不同于通信、雷达的多学科发展，这些工作对西电的发展有比较大的影响。①

"要给学生创造主动学习的条件和充分发挥才能的机会"，是保铮提出的教学改革方针。1985年3月9日，保铮在全院师生大会上提出"既充分给予学生自学时间，又严把考试关"的思路：

---

① 葛德彪访谈，2013年10月23日，西安。资料存于采集工程数据库。

本学期我院教学改革的重点是放在培养学生的自学能力、思维能力和动手能力（保铮将其简称为"三个能力"）上。上课时，要改变课堂考勤制度，允许学生在完成规定作业、实验的情况下，可以不听课，而只参加各种考试。在教学时间的安排上，将原来连排的两个课时一百分钟，改为九十分钟，以便给学生更多的自学时间。

从1984级开始，学生入学两年后进行一次中期选拔，达到要求的学生继续在本科学习，不合格的学生再经半年至一年的专业学习，按大专毕业分配工作。对品学兼优的毕业生，经推荐可免试进入研究生阶段攻读硕士学位。同时，要广泛开辟第二课堂，组织本科高年级学生参加科研工作，进一步开放实验室，召开学术报告会、讨论会，给学生提供发挥才能的机会。①

这种倡导学生主动学习、参加科研、培养学生的"三个能力"，以考试为手段严格教学管理的思路，对学院的教学改革带来了十分积极的正面影响。

保铮提出的"科研与教学并重"的观点，那时不容易被接受。当时有一种"三重三轻"的说法，即"重科研、轻教学，重理论、轻实践，重专业、轻基础"，经常用来批评以保铮为代表的主张改革的学院领导。在比较封闭的氛围下，有一部分较保守的老师持有"科研影响教学"这种观点，他们对院长强调科研不满，质问"学院到底是以教学为中心，还是以科研为中心？"

对于教学与科研之争，原副院长曲克泮回忆：

一种观点是要以培养人才为重，另一种是要以科研为重，当时争论很激烈。争论了半天都没有定论，后来基本平衡了，教学也搞，科研也搞。原来认为搞科研会分散精力，影响教学。现在看来，教师搞

---

① 以培养能力为重点，深入进行教学改革——保铮院长在全院学生大会上讲话。《西电科大报》，1985年4月5日。

了科研，学术水平必然提高，也就提高教学质量了。①

实际上，从保铮的个人经历来看，"重科研、轻教学"这种说法也是站不住脚的。保铮对教学是很擅长、很精通、很认真的，他的科研工作绝不是脱离实践的纯理论研究。

归总看来，当时保铮担任院长，将学院的科研水平大大提升，他主张成立研究所等研究机构，通过这个办法把科研工作开展起来；主张积极争取科研任务，加强学院与所、厂的合作；主张教师在完成科研任务同时多向国内外刊物投稿、发表论文；注重从学科建设方面抓科研，提倡科研与学科建设良性互动。这些措施在如今的高校已经十分普及，30多年过去了，当时的"科研与教学之争"早已不再需要争论。学院搞科研已经成为主流趋势，良好的科研平台和经费支持已是培养人才、提高师资的关键因素。

保铮大刀阔斧的改革举措改变了学院的科研氛围，使得科研经费大幅度增长。1983年，曹天顺从美国纽约理工学院做访问学者归国后，担任科研处副处长，主管学院纵向科研项目的管理工作。他回忆：

当时学院的科研规模不是很大，大约是在1986年的时候，全院的科研经费实际到款数还不足100万。到1988年左右，学校的科研经费上升到了几百万。1989年时科研工作更是实现了一个不小的突破，学校国家级科研项目数量在全国排名第二，仅次于清华大学。当我离开科研处的时候，学校科研经费早就超过1000万了。②

保铮1984年担任院长时，科研任务确定的模式还是计划分配，这是当时学院科研经费少的一个重要原因。在全国改革开放的大形势下，学院重视科研，改变了"凡事听领导的安排，缺乏横向活动"的习惯。当时的科研处处长是保铮的同学强伯涵，他提出了"调整分配政策，鼓励教师积极

---

① 西安电子科技大学宣传部采访曲克泮，2009年。西安电子科技大学内部资料。
② 龙建成，强建周：《岁月如歌》。西安：西安电子科技大学出版社，2010年，第77页。

第九章 具有科学精神的掌门人

争取科研项目"的建议,起到了很好的作用。为支持科研,保铮等学院领导发挥教师的积极性,让教师充分利用自己的业务关系,争取科研项目。陈怀琛回忆:

> 以安装电话为例,过去教师装电话全部由学院出钱,学院没有那么多钱,无法满足需要,教师只能按级别排队,所以一般教师家中根本不可能安装电话。之后学校规定可以用科研经费安装电话,这大大扩大了教师直接对外联系项目的信息通道,这在西安的大学中还是第一家。①

保铮在任的八年,是学院从部队院校转变为研究型的现代大学的八年。部队办学,优点是听话,强调纪律性;缺点是比较闭塞,凡事听领导安排,缺乏竞争气氛;研究型大学则需要宽松的环境,竞争的气氛。学院该如何继续保持军队院校的优良传统,同时向研究型大学转型?这不是个容易解决的问题。在改革开放的大背景下,全校上下都在调整、适应,保铮很多时候也是既坚持原则,又要妥协。

1988年1月,西北电讯工程学院正式更名为西安电子科技大学,标志着学校正走在健全学位制度、扩大专业规模的大路上。此时,评职称、特别是评博士生导师渐渐成为教师非常关注的问题。保铮对评定职称的标准把握得很严格。有人认为,他这样做导致学校的教授、博导评得太少,耽误了学校的发展。对于这个问题,蒋炳煌(1981—1989年任副院长)认为,由于学校长期以来相对独立、封闭和保守的传统,职称评定起步相对较晚,步子迈得小是正常的,可以理解。

学校改革任务艰巨,为了实现保铮心中"科教兴国"的愿景,尊重现实、学会妥协是必须的。对于教授评审,保铮有自己的看法:

> 我给年轻人讲,评教授,我一个都不卡,根据大气候来,大气候

---

① 龙建成,强建周:《岁月如歌》。西安:西安电子科技大学出版社,2010年,第77页。

是什么样子，我只好怎么做，我有我的标准。如果按照美国的标准走，我非碰得头破血流不行。①

落实知识分子政策，改善教师的待遇，也是校长工作的重要部分。作为改善教职工生活待遇的一个措施，保铮在任校长期间，曾专门建了一批新的家属楼。但这件好事却带来了一个问题：新楼是分给知识分子，还是按级别分给老干部？面对这个难题，保铮依靠丁开政、井连庚、蒋炳煌三位领导在老干部中的影响力，开展思想工作，最终坚持落实了知识分子优先的政策，改善了知识分子的待遇。在当时传统、封闭的环境当中，保铮面临的困境，局外人很难想象，这次变革的成功落地着实来之不易。

保铮为人正直，从不以权谋私。虽然校长公务繁忙，他仍坚持自己做科研、带学生。他给自己定下一个规矩，一周当中一定要有一天在课题组工作。

重托与志向

保铮担任校长期间，他的老师毕德显一直十分关心自己的这位门生。保铮回忆：

> 我自认为更适合搞学术工作，但是毕老师教导我要以学校工作为重，勇于把担子挑起来，依靠组织，依靠群众，努力开创学校新局面。那段时间我们一见面，他就先询问我学校情况，并鼓励我要努力尽职。②

---

① 龙建成，强建周：《岁月如歌》。西安：西安电子科技大学出版社，2010 年，第 97 页。
② 保铮：毕德显老师永远活在我们心中。见：杨学生，卫亚伟，余光烈编，《毕德显》。北京：中国科学技术出版社，2002 年。

1985年6月5日，西北电讯工程学院举行了聘请清华大学孟昭英教授、南京通信工程学院毕德显教授为名誉教授的仪式。会上，保铮亲手为恩师毕德显颁发名誉教授的聘书。①

1990年，毕德显病重住院，保铮去探望老人家。病榻上，毕先生还在谈工作。他得知中国科学院将于1991年增选学部委员，遂推荐保铮去参选。这年冬天，毕德显的病情急剧恶化，说话已很吃力。保铮匆忙赶到他身旁，当时的情景让保铮终生难忘。

> 他（毕德显）断断续续地嘱咐我说："你当选的希望还是很大的，如果能够当选，要多为军队反映意见。虽然你现在不在军队任职，但你在军队里工作过十几年，受过军队的长期培养，比较了解军队的情况……"②

听着老师的话，看着老师瘦弱的身躯，保铮不禁潸然泪下。就是这样一位恩师，直至弥留之际，仍念念不忘自己为之奋斗终生的军队教育事业。那几句最后的嘱托，深深铭刻在保铮的脑海里，时刻鞭策着他要竭尽全力为祖国的国防教育事业作出自己的贡献。

1991年11月，保铮当选为中国科学院技术科学部学部委员。1992年，保铮不再担任校长，开始把全部精力放在科研和培养研究生上。

《中国科学技术专家传略》对保铮担任校长八年的工作进行了概述：

> 他认真贯彻党的教育方针，积极推行改革开放，狠抓学科建设，加强基础办学条件。他强调科研工作对培养高层次人才的重要性，调整科研体制，建立了一系列科研机构。他坚持社会主义办学方向，十分重视校风和学风建设，倡导从细微之处体现精神，提出"管理从严，学术搞活"。此时正值我国改革经历着重大考验而又迅猛向前发

---

① 阿烈：我院聘请孟昭英、毕德显为名誉教授.《西电》，1985年6月5日。
② 保铮：毕德显老师永远活在我们心中. 见：杨学生，卫亚伟，余光烈编，《毕德显》。北京：中国科学技术出版社，2002年。

展的时期，他勇于负责，真抓实干，体现了较高的思想水平、政策水平和管理水平，学校的工作取得了长足的进步。他还为我国高等教育发展和电子科技的管理及决策咨询做了大量工作。[1]

曾任西安电子科技大学校长的杨宗凯说：

在他手里，西电从一个技术应用型的学校华丽转身为教学研究型的大学。过去的校领导大部分是行政出身，从他这一届起，学术出身的人才开始担任校领导。他在任的八年间，学校学术指标得到了显著提升，比如说，我们的博士点从1个增加到5个，国家实验室、国防重点实验室，包括博士后流动站，都得到了实力的增强，我们的科研经费在他手上翻了5倍，这都是他在任期间做的工作。[2]

无论是科研，还是教学；无论是作为一名科学家，还是一名教育家，保铮始终都坚定地践行着自己年轻时科学救国的远大志向，也始终没有辜负恩师毕德显对自己的殷切期望和重托。

---

[1] 中国科学技术协会：《中国科学技术专家传略》。北京：中国科学技术出版社，2011年，第55页。

[2] 杨宗凯：在保铮院士追思会上的讲话。2020年10月25日，未刊稿。资料存于采集工程数据库。

第十章
雷达信号处理领域的带头人

如果不搞理论研究，一个实验室、一个学校，是不可能走到前列的。因为理论总要相对领先，如果没有理论领先，没有高瞻远瞩，只搞实验不会太成功。

创建雷达信号处理重点实验室

雷达信号处理重点实验室，是西安电子科技大学的第二个国家重点实验室。

1990年，国家开始建设国防科技国家重点实验室。1991年，原国防科工委首次批准立项了六个国家级重点实验室，保铮领衔的雷达信号处理重点实验室就是其中之一。按规划，这个重点实验室是专门从事新体制雷达和雷达信号处理基础理论研究和关键技术攻关的国家级研究机构。1992年12月20日，雷达信号处理重点实验室成立。1995年9月，经过近三年的"边运行、边建设"，雷达信号处理重点实验室建设验收顺利通过。

重点实验室创建之时，学校正值科研经费不足的困难时期。后来，国家对科技发展越来越重视，中央做出了成立国家级重点实验室、建立高科技研究基地的重大战略决策。此后，高校对科研工作的投入越来越多，得到的支持也越来越大。

保铮认为，如果不搞理论研究，一个实验室、一个学校，是不可能走到前列的。因为如果没有理论领先，没有高瞻远瞩，只搞实验是不会成功的。实验室建成后，保铮提出的实验室宗旨如下：

> 实验室按照"重视基础理论研究，重视理论联系实际，重视科研团队建设"的指导思想，面向国际学术前沿，面向我国国防重大需求，开展雷达技术领域的研究工作。实验室的研究方向主要包括新体制雷达系统技术、空时二维及阵列信号处理技术、雷达成像与目标识别、雷达系统建模仿真及测试技术、高速实时信号处理技术以及雷达信号处理共性基础理论等。[①]

保铮重视理论研究的同时，也注重理论联系实际，强调推广成果。实验室一有新成果，他就想办法推广到各个工厂、研究所去，把新成果运用到具体的雷达当中去。

国家重点实验室是具有相对独立的人事权和财务权的科研实体，对于组织高水平基础研究和应用技术研究、聚集和培养优秀科学家、开展高层次学术交流，起到了很重要的作用。学校以前的特点是"教理论、学理论"，在理论联系实际方面有困难，一个主要原因是没有好的实验条件。重点实验室的成立，从根本上解决了这个问题。

重点实验室做科研项目，是面向全国来选择合作单位的，如果仅仅面向局部，就不可能在全国范围内体现实验室的地位和特色。可以说，实验室的地位、特色，是在与全国同行单位比较中形成的，并非虚有。

雷达信号处理重点实验室的许多科研工作，都是跟实际结合得非常紧密的。虽然专注于信号处理领域，但实验室的实际工作涉及范围很广，不

---

① 雷达信号处理实验室网站介绍，2014年3月10日。

但研究信号处理，还参与雷达改造。信号处理涉及整个雷达系统，没有它"看"不见的问题：雷达系统一出现问题，首先就反映在信号处理结果上，科研人员可以从信号处理结果判断是前端还是后端出现问题，因此信号处理对雷达研发分外重要。

保铮曾在陕西省高等学校重点学科建设工作会议上说过：

> 我们研究所要生存下去，如果没有特色，是不可能的。要有什么特色？我们的工作必须理论联系实际，如果你搞研究工作，但对我们的国防都不太了解，只从国外搞点资料，虽然发表的文章水平挺高的，但人家不会找你，因为你不能解决实际问题。如果我们研究所的水平光是给人家搞点机器，人家也不会找你，为什么呢？人家几千人的所，你只有三十几个人，只能是人家很小的一部分。

从最初为研制动目标显示成立的八人科研小组到雷达研究室，再从研制动目标显示器、动目标检测器、旁瓣相消系统的电子工程研究所发展为雷达信号处理重点实验室，保铮一路都在雷达信号处理领域钻研，创造出包括空时二维信号处理、雷达成像技术在内的众多标志性重大成果。

雷达信号处理重点实验室成立后，保铮完成的科研项目有：1991年1月—1995年12月，从事空时二维自适应信号处理技术研究，作为项目负责人全面负责、指导，并提出方案的基本思想，特别是遇到关键问题时，引导课题组去解决难题，提出了用多普勒滤波分割杂波谱的局域化思想及空时二维处理的基本方案；1992年—1995年12月，从事米波雷达超分辨技术研究，作为项目负责人全面负责、指导，并提出方案的基本思想，特别是遇到关键问题时，引导课题组去解决难题，提出了用时域提高空域分辨率的思想。

杨宗凯这样评价保铮领导的重点实验室为西安电子科技大学发展作出的贡献：

> 2019年，学校建成了雷达集成攻关大平台。可以说，雷达不仅是

西电的高峰,也是高等教育界的高峰。过去,我们的国家重点实验室是当时211院校中唯一的协同中心;现在,我们的集成攻关大平台是10所学校、11个项目中唯一一个设立在211院校中的大平台。①

"顶天立地"的雷达"裁判"

雷达信号处理重点实验室,成果累累,成就不凡。其中原因,保铮的老同事吴顺君这样总结:

> 经过多年来的发展,我们总是能够在雷达学科前沿占有一席之地,总是能够站在前沿并比别人更先迈出一步,做到这点是很不容易的。这归功于我们不断继承发扬的两大优良传统,一是理论联系实际,既立足于实践,又着眼于前沿;二是集体主义,注重团队的发展,个人的发展依托于团队。比起单枪匹马,集体的力量更大,人多心齐办大事,这也是我们在国内影响较大的一个原因。②

从学科上看,西安电子科技大学的信号处理学科与清华大学在一个水平线上;在雷达信号处理领域,雷达信号处理重点实验室是国内一枝独秀的。对于实验室取得的优异成绩,保铮自己总结原因为"顶天立地"。"顶天"就是要看世界的发展趋势,要走在学科发展趋势的前沿;"立地"就是要从国家的实际需要出发,面向国家需求,为国家建设真正发挥作用。

保铮认为,现在正处于雷达发展的机遇期,一定要努力发展。对于重点学科的发展方向,保铮有很多思考,其中一个重点就是结合企业需要、科研需要:

---

① 杨宗凯:在保铮院士追思会上的讲话。2020年10月25日,未刊稿。资料存于采集工程数据库。

② 龙建成,强建周:《岁月如歌》。西安:西安电子科技大学出版社,2010年,第125页。

图 10-1　2008 年 12 月 12 日，保铮与包为民院士（右）合影

发展重点学科应该是全校的事，学校要支持。成为重点学科以后也要带动整个学校。产、学、研结合不仅是中国的发展趋势，也是世界的趋势，是大势所趋。到底拿什么和企业结合？我们培养人才、输送人才是一个方面，企业要求高，希望学校能在科技方面对企业发展方面给予支持。重点学科代表学校的水平，面向全国、面向企业，把产、学、研结合的局面打开。我们的学科建设，实际上是作为学校的一个标志，是学校和企业联系相当重要的一个方面，各个方面以此为龙头，前程远大，有很多工作可做。①

保铮所说的"产、学、研结合"，不是口号，而是要做实事。部队开方案论证会、鉴定会，都会邀请保铮参加。虽然工作繁忙，但只要条件允许，他都会到场。

---

① 保铮：在陕西省高等学校重点学科建设工作会议上的报告。2001 年，未刊稿。资料存于采集工程数据库。

有些同行对我说："你参加这个会是否有点浪费时间？"我也知道从学术上讲，参加这些活动学不到什么东西，不过能够在会上了解到国家的需求，知道国家的问题是什么，在深层次上有什么问题。我不但自己参加，还带我的学生参加。这样才能把我们的科研方向搞得准确，才能和我们国家的需求紧密结合起来。①

秉承着这样的初心，保铮积极参与部队的各种会议、工作，发挥了极大的作用，先后担任过总装备部科学技术委员会顾问、总参谋部全军空情咨询委员会专家委员、空军科技发展与人才建设顾问、信息产业部电子科学技术委员会顾问，被称为最值得尊敬和信赖的"裁判长"。

在具体的鉴定会议当中，保铮从不回避问题。他凭借自己参与大量重要雷达武器装备的技术咨询、方案论证和技术把关工作而积累的丰富经验，提出的意见和建议都从实际出发。2006年，雷达信号处理重点实验室和有关单位联合申请"973"项目。在汇报项目情况的会议上，保铮同样十分严肃认真地指出了项目存在的问题，不藏私心。

空军预警学院的王永良院士说：

到了空军雷达（预警）学院以后，保老师几乎每年都要到这边来，一方面是帮助学校建设发展，另一方面参加空军举办的会议。保老师帮助我们做了大量卓有成效的工作，为我们学校的发展作出了特别重要的贡献。我还记得，每年保老师到我们学校作报告都是站着的，他年龄很大了，有的时候还一站一上午。②

能够有效解决问题，也使得保铮在雷达界有着极高的威望。2000年下半年，空军某新型雷达因核心技术攻关时遇到难题，面临拖延出厂日期的可能。情急之中，科研部门向保铮求援。保铮得知后，马不停蹄地协调重

---

① 保铮：在陕西省高等学校重点学科建设工作会议上的报告。2001年，未刊稿。资料存于采集工程数据库。

② 王永良：在保铮院士追思会上的讲话。2020年10月25日，未刊稿。存地同上。

点实验室及相关研究机构合力攻关，使难题迎刃而解。

保铮的科研经历，也是面向国家需求的最好体现。从为法国航管雷达研制信号处理器，到成立雷达信号处理重点实验室，他的科研方向自始至终坚持与国家需求结合，甚至有所超越。

> 要把科学技术的发展和振兴中华联系起来，就要了解民族、了解社会，更多地接触广大群众。通过这些，再好好想一想该怎么去做，才能更好地把我们的科技知识用到科教兴国上，才能更好地为国家和人民服务。如果不联系我们国家，不联系社会，找不准方向，怎么能更好地为我们国家、社会服务呢？所以我很希望年轻同志要提高自己的思想水平、道德修养，更多地把自己和国家、民族的命运联系在一起，这样才能为国家做更多的工作。[①]

保铮的"顶天立地"观念，可以看作是其青年时代"科学救国"思想的延续和升华。经过岁月磨砺，早年的"科学救国"梦想升华为"走在学科发展前沿、面向国家需求"的具体实践，真正体现了保铮的道德文章和宽广视野。

而被雷达界称为最值得尊敬和信赖的"裁判长"，则是对他公正无私品质的最好肯定。

[①] 保铮：在陕西省跨世纪青年科技人才群英会上的讲话。1996年10月，未刊稿。资料存于采集工程数据库。

第十一章
桃李满天下

1992年,保铮从校长的岗位退下,卸掉了事务性工作的担子,将全部精力放在科研和人才培养上。他培养的博士生学术水平高、基本功扎实、动手能力强,在学校内和行业内是公认的优秀人才。

既要出成果还要出人才

"既要出成果还要出人才",是保铮结合高校教学和科研特点总结出来的经验。他认为,出成果和出人才是相辅相成的。

对于不同阶段的教学目标,保铮的认识非常清晰:

> 本科教育的主要任务是教和学,教学是学校工作的主要方面。如果要提高教学水平,不搞科研是不行的。同研究生培养结合起来搞科研,我认为是一个好方法。既然你让研究生搞课题,你必须得有课题,还得有人来做,研究生是股力量,这股力量放上去后,水平较高。1983年后,我们不仅搞数字信号处理器这些实际的应用设备,在

数字信号处理基础理论方面也搞得比较多，做这些理论研究对今后的发展有很大帮助。现在我们之所以能够在信号处理和雷达发展等关键领域提出新的见解和意见，跟这些是分不开的。①

在培养研究生方面，保铮有一套自己的做法。他的研究生，除了学习基础课和专业课以外，还要在科研工作中学习、实践、锻炼、提高。这样的学习，不完全是学习已有的知识、重复前人的工作，而是要有所创新。②

在保铮看来，高水平的科研可以培养和锻炼出高水平的研究生，有了高水平的研究生才能出更高水平的科研成果。在科研工作中，难免要经历一次次挫折和失败，这种困扰是漫长的。创造性的工作不仅要面对无止境的挫折，还要考验一个人对烦琐工作的忍耐力。例如，"逆合成孔径雷达成像"课题的现场数据录取与处理都是由研究生完成的。这项工作十分烦琐，但只要认真去做，学生们往往能发现过去工作中的不足和疏漏；通过反复的分析和论证，提出新的概念和方法，使科研工作提高到一个新的水平。

对于"出成果"，保铮也有非常清晰的认识：

要着眼全国，对我们国家的国民经济、国防安全要有所了解，根据我们的学术发展及自身情况，选定好方向和课题，在这些方向持久搞下去。我认为，持久地搞下去，10年、20年就可以出成果了，这个是完全有可能做到的。③

保铮领衔成立的雷达信号处理重点实验室是研究生成长的坚实平台。

---

① 保铮：关于提高研究生培养质量的思考。见：全国信息与电子学科研究生教育委员会编，《21世纪信息与电子学科研究生教育研究：暨纪念学会成立十周年》。北京：电子工业出版社，2006年，第79页。

② 同①。

③ 保铮：在陕西省高等学校重点学科建设工作会议上的报告。2001年，未刊稿。资料存于采集工程数据库。

在实验室建立之初,保铮就确定了一个理念:着眼全国、抓住国家需求,为研究生提供稳定的经费支持和研究方向,把研究生培养和科研基地建设相结合。[①]明确研究方向并坚持做下去,既是雷达信号处理重点实验室的特点,也是其取得成果的"奥秘"所在。

研究生的培养

为了使研究生培养工作和科研工作良好结合,学校曾走过一段漫长且艰辛的道路。

1978年,学院恢复招收研究生,同年招收14名研究生,其中雷达系8人。[②]那时候给研究生开的课,很多老师自己也没有学过,一个原因是老师在受教育阶段学习的内容不够,加上"文化大革命"的耽搁,他们掌握的知识与学科发展有了很大差距。所以,给研究生带课的老师,只能先自学再教给学生。慢慢地,教学相长,老师水平逐渐跟上了学科发展。

1981年,我国恢复了学位制。同年11月24日,西北电讯工程学院学位评定委员会成立,胡征教授为主任委员,保铮、蔡希尧、丁开政为副主任委员。也是这一年,学院被首批批准为博士、硕士学位授予权单位。设置学科点后,通信与电子系统和信号、电路与系统两个专业都有一段曾经辉煌,但仍需迎头赶上的发展历程。在通信与电子系统专业方面,早在20世纪50年代,学院就在通信信息及编码纠错理论方面展开了研究;60年代,学院实现了对流层散射通信与流星余迹通信;70年代,学院运用非正弦正交函数、沃尔什函数理论解决了数字通信、数据传输、数据处理等方面的问题;70年代末,学院研制出了自适应变速流星余迹与电离层散射相

---

① 保铮:关于提高研究生培养质量的思考。见:全国信息与电子学科研究生教育委员会编,《21世纪信息与电子学科研究生教育研究:暨纪念学会成立十周年》。北京:电子工业出版社,2006年,第79页。

② 西安电子科技大学宣传部采访王德满,2009年。西安电子科技大学内部资料。

结合的通信系统、运用沃尔什函数的雷达图像数据传输设备和多路复用数字插空电话设备等。

信号、电路与系统学科的发展轨迹则与保铮的工作经历多有重合。20世纪50年代，保铮开展了雷达信息论研究；50年代末，他在雷达新体制、新技术方面进行了研究与开发，对毫米波雷达、单脉冲雷达、超远程探测雷达等进行了研究；60年代，他研制出微波气象雷达；70年代，保铮在控制理论、快速傅立叶变换、估值理论、数字滤波、信号检测技术、自适应旁瓣相消技术等方面的研究均获重要进展。保铮的这些工作，奠定了信号、电路与系统学科的地位，功不可没。

1982年8月24日，保铮、郭梯云、樊昌信三人被评为教授。

1984年，全国举行评价硕士生培养质量的通信专业研究生培养评审，采取分片评审的办法。保铮担任南方片评审组组长，负责评审的学校有东南大学、上海交通大学、南京邮电学院、解放军通信工程学院、南京航空航天大学、中国科技大学等院校。除南方片外，还有由北京和东北部分高校组成的北方片和由华南、华中、西北、西南等地区高校组成的其他片。评审中，西北电讯工程学院摘得其他片第一名。

当时，我国东西部发展差距还不是很明显。西北电讯工程学院研究生的生源包括中国科技大学、清华大学、上海交通大学等一流高校的学生。例如，保铮的学生高世伟就是中国科技大学的毕业生。此后，随着东部地区发展越来越快，东西部差距拉大，西部地区院校的发展受到很大影响，研究生来源窄了不少，尤其是来自中东部地区的研究生少了很多。

1984年，西北电讯工程学院开始招收博士生。1986年时，学院已有四个博士点。其中通信与电子系统和信号、电路与系统两个专业，能够代表学院的水平和特色。保铮就工作于信号、电路与系统专业的博士点。

从1985年开始培养博士生以来，学校就将学科发展放到了重要的位置上，无论是科研还是培养研究生，都力求做到与学科的新发展相适应。保铮所在的信号、电路与系统学科，是一个十分活跃的研究领域，新概念、新方法层出不穷。不善于学习、不了解国内外发展动态，很快就会落伍。

2002年，在全国博士点评审中，西安电子科技大学的通信与电子系统专业全国排名第二，仅次于清华大学；信号、电路与系统专业评审中，西安电子科技大学与清华并列第一。这说明，在信号处理专业上，尤其是雷达信号处理方面，西安电子科技大学实力超群。

信号与信息处理学科中，保铮团队的重点研究方向是以雷达信号处理为代表的信息探测技术。这个领域研究内容广泛，没有系统的专业知识是难以入手的。然而博士阶段时间较紧，要想在某一方面进行深入研究，必然导致学生视野较窄的问题。因此，广度和深度的有机结合是保铮团队一直坚持的研究传统。

雷达信号处理重点实验室承担的科研课题多、覆盖面广，从理论性较强的小波分析、神经网络到实用性较强的阵列处理、雷达成像，基本上覆盖了信息探测、信号处理的主要研究方向，并在不同方向都招收了研究生。这些研究方向虽各有特色，但基础和理念是相同的。

培养研究生的实践过程从来不是一蹴而就的。自从西安电子科技大学转型以来，学校顶着压力积极调整学科、提高科研能力，保铮及其同时代的教师学者们也为此付出了超乎寻常的努力。两个特色学科的形成，是看得见的成就；而其间经历的困难，却鲜为人知。20世纪90年代，学校曾出现优秀教师人才流失、研究经费不足等问题。学校攻坚克难，不仅教学科研齐头并进，优秀校友更是在国内拥有相当大的影响力和知名度，受到知名企业欢迎，也证明了学校在人才培养方面的成功。

从保铮的个人经历看，他培养博士生的过程就更是其"既要出成果还要出人才"思想的长期践行，他摸索出一套独具特色的培养方法。

一是结合科研方向培养博士生，更利于培养其创新能力。保铮领衔的雷达信号处理重点实验室承担的课题多，涉及面广，基本覆盖了信息探测、信号处理的主要前沿。20世纪80年代初，信号处理的热点是空域阵列处理，它是探测技术空域处理的基础，实验室便在这一方向培养了许多学生。80年代后期，空域阵列处理发展为空时二维自适应处理，是实验室的重大预先研究项目，廖桂生、吴仁彪、王永良等博士生在此项目中做了大量工作。空域阵列处理的另一个发展方面是逆合成孔径雷达成像。由于飞机目标的机动飞行，阵列流形是时变的，因此，又开展了时频分析方面的研究。有关雷达成像的研究已进行了二十多年,博士生一直是该课题研究的主力军。

保铮特别关注学科发展新动向,实验室会指定研究生专门负责搜集整理最新的学科发展动向并在研讨会上作介绍,还会邀请国内外的专家作专题讲座。比如,雷达技术数字化发展是一个国际趋势,由于"文化大革命"和从前环境封闭的影响,国内的雷达数字技术发展比国际水平落后很多。针对这个问题,保铮常说:"我国的雷达跟着国外学,走的是引进、消化、吸收、再改进这样的一条道路。走这条路,就永远落在人家后面,因为经过几年努力研制出来,已经又落后了。不过,这也是一个必须经历的发展阶段。"

20世纪90年代以来,小波分析、神经网络等研究均结合了信号处理领域的应用。一直非常关注学科前沿的保铮及时组织学习了新技术,通过举办讲座和研讨班取得进展,并指导部分研究生以此作为主要研究方向。他认为,虽然只有少数人能把新技术作为研究方向,但必须人人了解其基本内容并注意其发展动向,这是密切跟踪学科发展的一个好办法。

二是提高研究生分析、解决问题的能力以及洞察力,要打好基础,不能为写论文而写论文。保铮强调学生应该提高分析和解决问题的能力。分析和解决问题的能力即洞察力,是指透过复杂的表象、抓住本质的能力。保铮认为,要提高洞察力首先要基础坚实宽广,特别是数理基础,"基础不

图 11-1　1994 年,西安电子科技大学"211 工程"专家预审会

牢，地动山摇"；高水平的科技人员必须要打好基础，在实践中反复加深对基本概念和方法的理解。保铮经常说："不要以为一篇文章看一两遍就能够都理解，我有的时候看一两遍都不知道它说的是什么。"①

保铮认为，一个人解决问题的快慢，和自己的基础知识有关系。基础知识不是一成不变的，要不断学习新的东西。他告诉学生们：

> 每个事物，都有自己的本质，但是都被表面现象掩盖起来，要学会透过事物的表象，看到它的本质。只要我们坚持多思多想，洞察力就可以提高。②

保铮让研究生通过课程学习打好基础，同时为了突破基础理论学习的局限，他鼓励学生们尽可能地参与到科研中，从不同的角度、用不同的方法进行分析，然后进行比较切磋，从而加深对问题的认识，提高分析解决问题的能力。

对于研究生发表论文，保铮也有非常明确的认识，他认为论文的根本目的不在于"发"而在于"用"：

> 不要只从人家论文的字里行间找问题去写论文，论文主要应体现自己的研究成果，将成果中的创新部分整理成文提供他人参考，这才是学术贡献。发表的论文必须有所创新，且创新点要经得起推敲。论文写成后一般要放一段时间，自己作进一步的推敲。如果论文创新点不明显，宁可暂不发表。③

三是利用研究生培养中的"规模效应""火炉效应"。对于研究生培养规模大小的问题，保铮虽不赞成一位导师指导几十名研究生，但他认为，

---

① 彭学愚访谈，2013 年 10 月 23 日，西安。资料存于采集工程数据库。

② 保铮：关于提高研究生培养质量的思考。见：全国信息与电子学科研究生教育委员会编，《21 世纪信息与电子学科研究生教育研究：暨纪念学会成立十周年》。北京：电子工业出版社，2006 年，第 79 页。

③ 同②。

一个课题组里有一个研究生群体是有很大好处的，应当利用好研究生培养的"规模效应"：

> 这可能是工科的特点，同一个课题要有多个人分工进行。我通常主持几个课题，每个课题中的研究生少的有三四人，多的有六七人，大多是不同年级的。年轻人上进心强，大家在一起工作，经常进行讨论，许多问题共同解决，谁的工作进展如何，大家都很清楚，相互促进的作用比单纯导师督促大得多。许多年来，研究生的学习和工作日以继夜，基本上没有节假日和寒暑假，对教师也是很好的促进。
>
> 邹承鲁院士有一个生动的比喻：把一个黑煤球投入一个旺火炉，很容易就会烧红，但是如果要从头生火，把一个黑煤球烧红就不那么容易了。这就是所谓的"火炉效应"。在一个好的环境中，有好的学术气氛、比较前沿的研究课题、比较高的学术水平，年轻人在这个氛围中，自然会受到熏陶，成长就比较快。[①]

保铮对"火炉效应"的运用使他的学生们受益匪浅。保铮认为，研究生参加实验室召开雷达方面的方案论证会、评审会和鉴定会，或者在教师的指导下完成一些实用性较强的课题，都有助于了解系统性知识。对学生而言，由于并不局限于信号处理一个领域，若以后转行搞通信、声呐等方面的工作，也会很快做出成绩。此外，还要熟悉信号处理的实现技术。信号处理专业的理论和方法迅速发展，是与处理器的实现技术（包括硬件和软件）的进展分不开的，信号处理的新概念、新方法一经提出，不久就能付诸实现。因此，信息处理领域里的专门人才对处理器的实现技术也要熟悉，最好具备一定的实践经验。考虑到博士学习阶段不适合从事实际处理器的研制，保铮一般要求硕士生或硕博连读生的前一个阶段，在选题时侧重于信号处理器的实现技术。

---

① 保铮：关于提高研究生培养质量的思考。见：全国信息与电子学科研究生教育委员会编，《21世纪信息与电子学科研究生教育研究：暨纪念学会成立十周年》。北京：电子工业出版社，2006年，第79页。

四是培养科学态度。保铮认为，科研工作者必须具有优良的学风，多年来他提倡"三严"——严肃、严格、严密。实验室不少课题要结合实验，有大量实测数据处理和计算机仿真工作要做。保铮要求必须全面反映真实情况，不能只挑符合自己理论分析的数据。[①] 例如，在实验中曾发现逆合成径雷达成像的实测数据处理有一些异常。通过分析，异常现象有了比较满意的解释，并总结出一套新的分析方法和算法。后来将该算法用于处理另一批新的数据时，并不完全成功。保铮和学生经过长达几周的反复分析，终于找到了原因并进行改进，从而总结出适用于目标做复杂运动的新算法。保铮总结：科学研究是严肃的，如果轻易地将部分"坏"数据撇开不管，就不可能找到新的算法。有时候机遇会与我们擦肩而过，这常常取决于我们的工作态度。[②]

极具特点的研讨会

如何培养研究方向不同的研究生？如何发挥实验室研究面广的优势？保铮采取的办法是定期开设讲座和每周举办一次研讨会。研讨会上，研究生报告近期的研究成果，并在教师指导下进行分析和讨论。这样可以让研究生对整个学科有系统性的了解，对除自己研究领域之外的其他内容有所涉猎，这是实验室培养学生的特点和优点。这样每周一次的学术研讨会已成为一种惯例，是实验室的特色学术活动，也是保铮指导学生成长的重要平台。

研讨会由学生轮流主持，主要分为三种形式：一是请校内外专家介绍相关领域的新知识、新技术；二是请不同方向的博士生分享自己的工作进

---

① 保铮：关于提高研究生培养质量的思考。见：全国信息与电子学科研究生教育委员会编，《21世纪信息与电子学科研究生教育研究：暨纪念学会成立十周年》。北京：电子工业出版社，2006年，第79页。

② 同①。

展，包括对问题的理解和后期计划，听听别人的意见，相当于一个工作审核，这是博士生非常重要的学习机会；三是提出自己的问题，请参会的老师和同学出主意。

保铮的工作繁忙，但他仍抽出时间指导学生。他对学生的指导非常细致，无论是分析问题还是解决问题，他都亲自参与。在研讨会上，保铮和实验室的学生们一起讨论，一起分析问题，对学生的成长有很大帮助，使大家对彼此的工作都很熟悉。例如，团队的每个成员对空时二维全貌都十分了解。

1991年，小波变换刚在国内兴起的时候，保铮就请了西安交通大学的刘贵中教授来作报告。刘教授刚回国，他说美国的一篇报告说小波变换将来可能取代傅立叶变换。对于这个观点，大家在报告会上展开了充分的讨论，形成了清晰的概念。那一年保铮已经64岁了，他仍然能很快地吸收新知识。他让学生王民胜做小波变换的项目，王民胜在学术讨论会上讲了三次后，保铮就掌握了其中的精髓，成为小波变换方面的专家。

学生们的研讨会，保铮基本每次都参加，还在会上分享自己解决问题的思路。当学生们向保铮介绍自己的研究和遇到的困难时，保铮并不急于分析学生的推理是否正确，而是看结果，并从物理意义上分析结果是否有可能成立。"从结果发现问题，而不是陷入具体公式推导"，这是保铮指导学生的一个特点。吴仁彪把老师的这种方法称为"概念思维法"。

学术研讨会建立的平台，使不同知识结构、不同性格的师生能够一起讨论问题、交流思想。每一次主持、每一次主讲，都能锻炼学生的表达能力，同时理清科研思路，不知不觉中受益匪浅。对此，吴仁彪深有体会，他认为这是利用规模效应，依靠团队提升了培养学生的质量。毕业后，他参观了多所国内外高校，却很少碰到能够坚持多年并有如此良好学术氛围的学术活动。后来吴仁彪自己开始培养学生后，也学习了这个方法，坚持开办学术研讨会。

除了对老师科研方法的传承，吴仁彪还一直关注着母校的学科发展。1996年，他到美国做访问学者时，曾给保铮写过一封信，大意是说自己在国外检索发现，能够检索到的保铮的论文特别少，建议他多发表论文，让国际同行了解，以此提升重点实验室的国际知名度。其实，就研究水平来看，实验室在一些方向上（例如空时二维自适应信号处理）是与国际同步的，只是没有被了解而已。造成这样的情形，一方面是因为和国际同行交流少，另一方面是因为没有在国际期刊发表论文。这固然与雷达领域的保密性质有关，更深层次的原因是，当时实验室的国内科研处于起步阶段，团队把主要精力放在了课题攻关上，对于发表论文的重视程度不够。在吴仁彪的提醒下，保铮开始重视发表学术论文。三年后，实验室能够被国际检索到的论文就达到了 50 多篇。

通过在国际刊物上发表论文，保铮了解到，美国搞无线电的刊物有 30 多个，一个刊物发表的论文往往聚焦一个方向，因此会有比较准确的小同行评价。相比之下，国内的鉴定会，包括对科研成果的评奖，更多的是大同行评价，既不准确，也存在一些浮夸的现象，很多"国际领先"的评价名不副实。国际范畴的学术交流让保铮和他带领的重点实验室的发展方向更加明确，保铮个人也对中国的雷达技术发展有了更加客观清醒的认识。

同为保铮博士生的冯大政也是保铮研讨会的成员之一，他认为研讨会使他成长特别快。

> 保老师会用人，主持会议的人选得好，能把气氛搞起来，大家共同参与。研讨中，每个人都参与其中，没有谁是权威，谁有问题都可以提，甚至提很稀奇古怪的问题也可以。①

在这样的学习形式和学术氛围当中，冯大政从保老师身上领悟到："做学问的核心，不只要看到更好的，而是要看到里面更差的东西。"因为在雷达科研领域，很多方向是"该做的都做过了"，对此，保老师传授的经验是"看文章、看问题要全面"，就是要看别人研究中的缺点是什么。因为任何研究都有缺陷，有缺陷才可以改进，从不足的地方看到机遇。②

让很多学生记忆犹新的，还有保铮"打兔子"的生动比方。雷达信息

---

① 冯大政访谈，2013 年 9 月 24 日，西安。资料存于采集工程数据库。
② 同①。

图 11-2 2007 年 10 月 25 日，保铮在雷达信号处理重点实验室作有关 MIMO 雷达的报告

处理领域涉及很多其他专业（如数学、工程、信息）的知识，这些领域的很多基本理论已经探讨清楚了，解决问题的方法也比较完善，关键就是要找到问题。保铮常说："我们的学生都会'打兔子'，枪法也很好，但是'找兔子'找不到，需要别人'找兔子'。"意思是，很多时候，大家都具备解决问题的能力，关键是要有找到问题的本领，就像对于猎人来说，"找兔子"比"打兔子"更重要。[1]

除研讨会外，保铮的报告会对学生也有很大影响。博士生张磊对保老师的一场学术报告印象深刻。这场报告是关于多输入多输出（MIMO）雷达的，这是雷达领域比较新的概念，保铮在会场上仅用十几页幻灯片和通俗易懂的语言，就把它的原理、特点、优点和问题介绍得非常清楚。"它山之石，可以攻玉"，用其他领域的最新进展解决雷达领域碰见的难题，一直是保铮所倡导的。

传道授业，桃李芬芳

从 1985 年开始培养博士生，至今保铮培养的博士生已近百名。对于博士生的培养，是保铮担任校长期间坚持的"既要出成果还要出人才"的治校理念的延伸和体现。保铮认为，博士生必须要具有强烈的创新意识和能

---

[1] 冯大政访谈，2013 年 9 月 24 日，西安。资料存于采集工程数据库。

力，能够独立从事创造性的科学研究；而创新意识和独立研究的能力，应当在具体的科研实践中锻炼和提高。保铮的一些博士生毕业后陆续走上教师岗位，保铮在教学上的经验也因此得到传承。

在西安电子科技大学任教的杨克虎曾是保铮的博士。跟随老师学习，杨克虎最大的收获是严谨认真和不懈追求的态度。

> 保老师除了教会我们严谨的学风外，我更加体会到做一个好教授，应该至少做到三点：其一是诲人不倦，其二是要做这个领域最好的研究，其三是要讲最好的课。在这方面能够有所思考、成就，就是对保老师最好的回报。①

保铮不但培养的博士生数量多，水平也非常高。他的博士生中，有四名学生的博士学位论文被评为"全国百篇优秀博士学位论文"，分别是：2001年水鹏朗《广义内插小波和递归内插小波理论及应用的研究》，2002年欧阳缮《主分量和次分量神经网络学习算法及应用》，2009年杜兰《雷达高分辨距离像目标识别方法研究》，2013年白雪茹《空天目标逆合成孔径雷达成像新方法研究》。

"全国百篇优秀博士学位论文"是由教育部组织开展的高级别学术论文评选活动，从1999年起每年评选一次，每次评选出的优秀博士论文不超过100篇。能够入选"全国百篇优秀博士学位论文"，对于学校、导师和学生来说都是很高的荣誉。保铮的学生中有四位入选，三位获得提名，这在全国都是很少见的。

1994年9月，水鹏朗成为保铮的博士生，主要研究方向是小波变换。当时，小波理论和应用研究是国际上非常热门的研究方向，保老师也组织了一个小波理论和应用研究小组，成员主要是保老师的博士研究生。他们翻阅了大量的文献，但对于如何开展研究、具体方向是什么仍很迷茫。在小组讨论中，保老师提出"小波的初始化问题"。实践证明，这是一个很

---

① 杨克虎：在保铮90华诞座谈会上的发言。2016年7月10日，未刊稿。资料存于采集工程数据库。

好的研究方向。沿着这个方向，水鹏朗等研究小组的多位博士生展开工作并取得很好的研究成果，在国际重要期刊上发表了多篇学术论文。并且小波的初始化问题也顺势成为小波理论研究的热点方向之一。在每一个信号处理的新进展上，保老师都非常敏锐。例如，对于小波理论研究，保老师经常和同学们说："带限信号有一个连续信号转换成离散信号的问题，在小波理论中也要考虑这个问题。"

欧阳缮是以桂林电子科技大学（简称桂电）教师的身份跟随保铮攻读博士学位的。桂电是西电援建的学校，欧阳缮在桂电读书时就知道保铮是一位勤奋、严谨的导师。由于妻儿都在桂林，欧阳缮曾想在读博士时能够尽快回到桂林，方便照顾家庭。报考保老师的博士后，保老师看到欧阳缮以前发表的论文有新意，便对他说："博士这三年，你必须人在西电；并且，你要考虑在国外发表学术论文。"这让欧阳缮压力很大，也迫使他更加勤奋，他的"全国百篇优秀博士学位论文"就是这样"压"出来的。

杜兰是一个"80后"，本科毕业设计阶段就被保送到保铮门下读研究生，集中研究高分辨雷达回波特性分析和统计建模。在这个研究方向上，保铮团队的研究是很有特色的，发表了多篇高水平的国际论文。读博期间，有一次，她听了香港中文大学徐雷教授的报告，报告中提到用于经济学和统计学中的因子分析模型。这个模型引起了杜兰的关注，她产生了一种预感，因子分析模型可以用于她正在研究的高分辨雷达回波统计建模。阅读大量资料，进行数学推导后，她兴奋地找到保铮汇报这个模型。保铮听完杜兰讲述的长篇数学推导后，只问了杜兰两个简单的问题："第一，你为什么要把这个模型用于高分辨雷达回波统计建模？第二，要解决什么问题？"

保铮这两个问题，使杜兰猛然发觉到，她自己已经完全陷入数学推导，忘记了研究这个模型的初衷。杜兰和保铮一起讨论，发现因子分析模型可以与之前研究的统计模型关联起来成为一种更精细的统计模型。这样，在保铮的指导下，杜兰形成了一个统计建模体系，按照这个体系，她对因子分析模型做了一系列改进工作。这次经历使杜兰领悟到：数学方法和算法固然重要，但更加重要的是物理概念。只有牢牢把握住要解决物理

图 11-3 2009 年 12 月 10 日，杜兰获得"全国百篇优秀博士学位论文"的表彰会

问题的本质，才能用对、用好数学方法和算法。杜兰此后带领团队开展科研，也一直延续着这种理念。

经过十多年的努力，杜兰在研究高分辨雷达回波特性分析的基础上，提出了高分辨回波统计识别框架，对应一系列由简单到复杂的基于统计建模的识别方法。相对于传统识别方法，这种方法更适合雷达目标识别，在应对噪声、干扰和在线建库方面都更具优势。国内很多研究团队目前都采用这个框架开展研究，国外学者也经常在公开文献中引用和参考。保铮做科研的严谨作风，也使杜兰受益颇多。她读研究生时写的第一篇论文交给保老师后，只一两天时间保铮就让杜兰取回论文。杜兰看到，保铮在她的论文上写满了各种修改意见，符号公式、图表，甚至每个坐标的标注都很仔细地给出了修改意见。一些写得不好的段落，保铮直接划掉后另附稿纸重新写。这次经历让杜兰深受触动，此后不管写任何报告和文章，她都要求自己做到严谨、规范。①

白雪茹是西安电子科技大学电子信息工程专业 2002 级本硕连读生。保

---

① 杜兰：攻坚"雷达目标识别"十余载。《西电科大报》，2016 年 6 月 14 日。

铮老师的为人、学识以及在雷达领域的高深造诣一直令她十分敬仰。2005年9月，在即将完成本科学业进入研究生学习之际，她大着胆子给保铮老师写了一封申请信，向他介绍了自己的学业成绩，并表达了想追随保老师继续深造的决心。保铮收到信后，很快就回复了她，并约定了面谈时间。其后，保铮与白雪茹进行了一次长谈。面对这样好学上进的年轻学子，保铮十分欣慰，他鼓励白雪茹进行硕博连读，要专注于雷达研究，并不断争取在学习中出优秀成果。

在硕博连读学习过程中，针对经验模态分解、压缩感知等信号处理领域的热点问题，保铮经常和白雪茹进行讨论，通过剖析问题本质厘清研究方向，明确研究方法。保铮渊博的知识，敏锐的思维和对问题深刻的洞察力，使白雪茹在科研和学习中受益匪浅。从博士论文的选题到每一步工作的展开，再到最后的论文修改和定稿，白雪茹都得到了保铮老师的悉心指导。特别是在2011年，保铮由于腰部伤痛已经无法去实验室工作，就坚持在家中以半卧状态对白雪茹的整本博士论文进行反复多次的修改直至最终定稿。2011年8月，为了参加她的博士学位论文答辩会，住院中的保铮特意调整了治疗时间。

在跟随保铮硕博连读学习的五年中，白雪茹学会了科研选题和研究的方法，为以后的独立科研和工作奠定了良好的基础。同时，保铮对科学研究的严谨态度和孜孜不倦的进取精神一直是她学习与工作的榜样与动力。白雪茹博士毕业4年后晋升为教授，并获得国家自然科学基金优秀青年科学基金资助，逐渐成长为雷达信号处理重点实验室的青年骨干。这些成就都离不开保铮老师的支持和帮助。

大写的敬畏

每每回忆起与恩师相处的时光，保铮的学生们总有说不完的故事。保铮的博士生罗景青说："保老师的优良品德有很多，我印象最深的是他的善良、智慧、勤奋。我对他的态度可以说是一种大写的'FEAR'(敬畏)。""大写的敬畏"这句话,是保铮学生们的共鸣。

在读博士期间,与保铮老师交往的几件事给罗景青留下了深刻印象。第一件是守时。罗景青第一次见到保铮是在报考博士生面试的时候,那天他比约定时间早到了3分钟。保铮看到他后说:"你应当准时,不应早到,我就靠这3分钟翻翻你的材料,准备问你的问题呢。"

第二件是幽默宽容。在罗景青之前,博士生可以同教师一样在所里领磁带盒。罗景青入学后不了解情况,看到师兄去所里领磁带盒,便也跟着去。保铮看到后,幽默地说:"别人都领,他怎么能不要呢?"那时候的博士生胆子很大,背地里称呼保铮为"老保"。有一次会议马上就开始了,主持会议的罗景青见保铮还没来,就嘀咕了一句:"老保怎么没来?"话音刚落,保铮就走进了教室。也许是怕罗景青尴尬,保铮宽容地说:"我知道你们背后叫我'老保',没有事的。"

第三件是记忆力惊人。一次,罗景青写了一篇论文请保铮修改,很快拿到了保铮的修改稿。几天后,他又请保铮审读修改稿,保铮看后指着其中一段说:"这部分还不如你原来的稿子。"然后他就把原来的稿子复述了出来。罗景青听后非常敬佩。

保铮治学严谨,也是学生们公认的。有两件小事可以说明。保铮在六十多岁的时候,开始学习小波变换。因为张青富(1991级博士)以前是数学专业,保铮就让他帮助收集资料。张青富说:"我们学小波变换是要把它当作一个工具用到雷达信号处理中。保老师在开始接触小波变换的课题时,把每一个公式都要亲自过一遍,对每一个定理证明也要认真地过一遍。在他这样一个年龄,以这样一个态度去学小波,对我震撼非常大。"

有一次,保铮要在一个雷达会议上作一场报告。头天晚上,学生吴仁彪去看望他,错拿了他的记事本,回去后才发现这是老师准备在会议上用的,上面画的一些图和一些公式是为第二天报告做准备。这件事让吴仁彪深有感触,那时的保铮已经八十多岁,为了作报告,前一天晚上还在推导公式,考虑怎么深入浅出地让别人听明白。这种严谨负责的精神,让吴仁彪深受教育。

在对研究生的培养中，保铮提倡要在深化基础知识方面舍得下功夫、花时间。如果学生在基本概念和基本方法上犯错，他会要求学生不要轻易放过这个错误，即便问题得到纠正后，也要反复深究发生错误的原因。如果是博士生，则还要求他们学会从不同角度来观察问题和解决问题，从对比中加深对基本概念和基本方法的理解。

重视物理概念是保铮独特的思考问题和解决问题的利器，也是保铮众多博士生公认受益最深的一点。罗景青读博士时新想法很多，经常与保铮交流。有一次他认为有一种方法能进一步提高某权威方法的二维超分辨力，便兴奋地向保铮汇报。保铮认真听了处理方法后，很快回答："最好情况可提高 $\sqrt{2}$ 倍"，并向罗景青解释，"你是将二维超分辨转为一维超分辨问题，等于做了个旋转变换，没有质的提高。"罗景青没想到问题会这么简单，便进行辩解，举个例子说明分辨率明显提高了。实际上，他举的例子正好就是保铮说的提高 $\sqrt{2}$ 倍的特殊例子。[1]

现已经成为中国科学院院士的王永良曾说，跟随保铮读博士期间自己最大的收获就是领悟到概念清晰的重要性。他说："保老师处处要求我们要概念清晰，把概念弄清楚，很多工作就好做了。"[2] 裴炳南（2002级博士生）说："每次开讨论会，保老师都让我们先是物理概念上进行推导，从物理概念上去判断是否成立，然后才从数学上去论证。这一点对我学术影响非常大。"[3] 许志勇（1997级博士生）说："保老师对我影响最深的是对物理概念的清晰。我们去汇报工作，保老师不是看我们的具体数学推导，而是总要问，你们这些工作的物理意义是什么？我慢慢学会了这种基于物理概念思考问题的方法，现在在工作中经常使用，受益颇多。"

严谨的治学态度、专业的科研精神、豁达磊落的高尚品格，是保铮对学生们口中"大写的敬畏"最好的诠释。

---

[1] 罗景青：在雷达信号处理重点实验室座谈会上的发言。2016年7月10日，未刊稿。资料存于采集工程数据库。

[2] 王永良：在雷达信号处理重点实验室座谈会上的发言。2016年7月10日，未刊稿。存地同上。

[3] 裴炳南：在雷达信号处理重点实验室座谈会上的发言。2016年7月10日，未刊稿。存地同上。

就像毕德显等老师对待他那样,保铮对于学生的培养和帮助是无私的,他曾谈到毕德显等老师对他培养学生方式的影响:

> 我想起走过的曲折道路,更想起老师们对我的培养,老师们无声的教诲始终铭刻在我的脑海中。我一直工作在教学和科研岗位上,看到一批批年轻人蓬勃成长深受鼓舞。我喜欢和年轻人一起工作、一起学习,和他们讨论切磋问题。在与他们相处之中,我总是回忆起当年自己成长的经历,从而更增加了自己的责任感,勉励自己要像我的老师们那样,为祖国的明天,为年轻人的茁壮成长尽责尽力。①

君子之交淡如水,保铮对学生的关心不在于生活琐事和培养感情上,他更看重学术交流,尽力在学生职业生涯重大节点上做出提醒和提携。1996年,现任中国民航大学副校长、曾经是保铮博士生的吴仁彪刚到美国,保铮就寄来一封信。信的内容让吴仁彪记忆犹新:

> 你的学术思想比较活跃,高校对个人发表论文是比较看重的,希望以后能够继续坚持。再一个,到一个新的单位要踢好前三脚。②

保铮所说的"踢好前三脚",意思是到了新单位工作,开局很重要。吴仁彪接受了老师的建议,后来也把这句话当作箴言送给了他自己的学生。保铮与学生之间那种"君子之交淡如水"的关系,也为吴仁彪所继承。他开始带学生后,也要求学生、下属不要送礼。他也会对学生说,要得到老师的肯定,不是靠拉关系,而是学业有进展,如果有问题请教,随时可以到家里去。③

虽说"君子之交淡如水",但保铮对待学生非常慷慨。1999年10月,

---

① 保铮:努力学习继往开来。见:中国科学院院士工作局编,《科学的通路:下卷》。上海:上海教育出版社,2005年,第1738页。
② 吴仁彪访谈,2013年10月19日。资料存于采集工程数据库。
③ 同②。

保铮获得何梁何利基金科学与技术进步奖，得到了 20 万元奖金。他把这笔钱作为奖学金，几乎是一次性地奖励给了学生，以便帮助学生"解决生活问题"。①

保铮在学术上要求很严。1991 年入读博士的李有明记得，有一次学校放假。那天，从早晨开始，保铮就在办公室里找学生一个一个谈话，直到傍晚。对保铮的严谨作风，他体会很深："保老师对博士论文修改的严谨程度，我们现在都做不到。我的博士论文，保老师给我改了 5 遍。女生杨军曾因为改论文在保老师办公室大哭，当时我就想如果我是女学生，我也会哭出来的。"李有明记得，保铮经常出去开会，每次听到保铮要回到学校的消息，同学们当晚都要熬夜准备工作进展汇报材料，因为保铮第二天肯定要检查。

有些时候，保铮又表现出他宽容和体贴的一面。1989 年入读博士的张剑云记得，1992 年的一段时间里，由于他的颈椎不好，影响了实验和论文，便打算休学。保铮了解到张剑云的身体情况后，特地给他拿来一大包天麻，并且鼓励他："如果你身体不好，就稍微放松一下，但不必休学。"

保铮的学生们都知道，导师是一个爱国主义者。1991 年入读博士的张青富毕业后选择出国工作。每次回国，他都一定会拜访保铮。保铮曾经坚定地对张青富说："中国一定会超过美国。"2014 年，张青富选择到香港工作。当他向老师报告这一消息时，保铮先说了一句"很好"，然后说："香港是中国的一部分，你为香港服务，也是为中国服务。"听到保铮这番话，张青富非常震撼。他说："我感觉到保老师是一个伟大的人，他在骨子里是一个爱国者，这一点对我影响非常大。"

在国外学习的陈立东写信给保铮，谈到因为学业延期，自己需要在国外多待一段时间。保铮便给陈立东回信，鼓励他立足国内：

> 我觉得一个人的成长应该与历史使命结合起来考虑，像我这一辈

---

① 陆光华访谈，2012 年 9 月 3 日，西安。资料存于采集工程数据库。

的人，不会不知道出国进修收益大。年轻时国家封闭，到中年迎来改革开放，但工作太忙走不开，当时领导还是下决心抽出不少人出国进修，但不可能都出去。现在回首往事，我不感到遗憾，但也知道是个缺陷，如果能与国外学术界有更多联系，对将来工作会有利得多，我希望你们这一辈在这方面比我们强。

利用在国外的机会，（你）不仅要埋头苦干，而且要和学术界广交朋友，为今后的长远交流打下基础。我的设想是，你很好安排一下今后的工作，能有个计划。到延期期满，一定要按时回国。可能人家还会挽留你。来日方长，以后还可再去。我认为最好是立足国内，并有机会常出去走走，常来常往，这样才不致在学术上掉队。

我十分欣赏你坚决服从学校决定的态度，这也是对学校工作的很大支持。我很希望学校出现这样一种局面，即能有一批留学的、学有所成的年轻人回来，与国内培养的年轻人一起，在学校某些学科上打开新局面。我想你是能有所作为的。[1]

从这封信可以看出，保铮的学术生涯始终与自己的历史使命紧紧结合在一起，这也是他的人生理念。

---

[1] 保铮给陈立东的信，1999年10月。资料存于采集工程数据库。

结　语

　　保铮的一生奉献给了雷达信号处理领域的科研和教育事业。在对他的人生有了基本了解后，在本书结尾部分重新梳理一下他的学术贡献是很有必要的。保铮在学术生涯的卓越贡献，可以归结为以下四点。

　　一是发明埋地电力电缆故障测试仪。埋地电力电缆故障测试仪是保铮在"文化大革命"期间的重要发明。这项发明的初衷是解决实际问题，在没有相关设备和资料借鉴的情况下，他超越了传统的检测方法，把雷达原理运用到电缆故障点检测领域，并在极端困难的条件下成功研制出实用设备，解决了困扰电力部门多年的难题。

　　二是把数字信号处理技术引入我国雷达技术领域。1973 年，在仿制法国禁运的数字动目标显示器会议上，他提出不应只从仿制角度考虑问题，而应当借机将数字信号处理技术引入我国雷达技术领域，做出一个所有雷达都能使用的数字动目标显示器。他抓住机遇，争取到了第四机械工业部的经费支持，成功研制出 0.2 微秒数字动目标显示器。在我国雷达领域应用数字技术的发展过程中，起到了表率和重要的推动作用。

　　三是带领团队在多个相关领域达到国内甚至国际领先水平。保铮是雷达信号处理国防科技重点实验室的创始人和奠基者，为实验室的建设和发展作出了巨大贡献。他对信号处理领域的最新发展具有高度的敏感性，对学科领域的发展方向具有敏锐的洞察力。自适应旁瓣相消、阵列信号处理、空时二维自适应信号处理、稀布阵综合脉冲孔径、雷达成像、雷达目标识别等众多科研方向，无不是在他的亲自培育和浇灌下成长起来。作为我国雷达界的学术权威，他参与了大量重要雷达装备的技术咨询、方案论证和技术把关工作，并且始终本着实事求是、求真务实、对国家高度负责的精神，不回避问题，提出了大量宝贵的意见和建议，受到了雷达界同行的高度赞誉和尊敬，被称为最值得尊敬和信赖的"裁判长"。

四是培育了一批优秀的科研人才。他学识渊博、治学严谨，几十年来始终保持着旺盛的创新能力。从研究方向选择，到研究思路、工作方法，甚至具体到公式推导，他都对学生进行悉心指导。在毕德显的启发下，他从1983年开始每周举行一次学术研讨会，坚持不懈，培养了大批杰出人才。保铮人格魅力的感召、"顶天立地"的理念、对基础理论研究的重视、结合国家重大需求的视野、举办学术研讨班的优良传统，都对他的学生和年轻教师产生了深远影响。

2007年，在保铮八十岁寿辰祝贺仪式上，雷达信号处理重点实验室的贺词对其一生的科教工作进行了评价：

> 1960年保铮共同主持研制成功我国第一部微波气象雷达。1971年发明了埋地电力电缆故障点测定的"冲击闪络法"，解决了电力部门的一大难题。1974年他领导成立雷达信号处理研究小组，在国内率先开展数字信号处理的理论研究和工程应用。1976年研制成功的数字式动目标显示器，对推动数字技术在国内雷达中的应用起到引领作用。1982年研制雷达自适应天线旁瓣相消器和动目标检测器。1986年研制可编程动目标检测器。1990年以来，在机载预警雷达空时二维信号处理、雷达成像和目标识别等方面的研究均取得重大进展。
>
> 保老师取得的开拓性的研究成果广泛应用于我国大量雷达装备中，为我国雷达技术的进步和发展作出了历史性的杰出贡献。

保铮一生奉献给雷达信号处理领域的科研和教育事业，硕果累累。他的科研方法有以下特点。

一是重视物理概念。清晰把握物理概念，快速解决雷达信号研究中遇到的问题，是保铮科研思维的特质。从事雷达信号处理专业的研究者需要具备熟练使用数学工具、建立数学模型的能力；与纯粹的数学专业不同的是，在雷达信号处理领域，数学概念和公式大多蕴含着物理意义，如果忽略对物理概念的把握，可能因陷入烦琐的数学公式推导从而偏离实际问题。保铮的物理直觉出色，习惯从概念出发思考问题。

> 许多基本概念和方法不是一次学习就能完全领会的，而是在反复应用中不断加深理解，才能掌握其实质。当前年轻人容易犯的毛病是在概念未厘清楚的情况下，就陷进烦琐的数学公式推导中而不能自拔。对信息科学来说，数学是十分重要的工具。数学概念和公式结合到专业上通常有明确的物理概念和含义，如能融会贯通就容易从概念出发来观察和思考问题，并建立起数学模型，从而能思路清晰地分析问题和解决问题。[①]

建立数学模型、使用数学手段准确描述实体，是雷达信号处理专业常使用的方法。不过，研究者常陷于数学公式推导而忘记数学模型在物理上的意义。保铮善于依靠物理概念进行定性判断来分析问题，强调先注重物理概念，其次才是使用数学方法。保铮善于在清晰的物理概念基础上进行数学上的定性判断，即根据基本概念而不是定量计算来判断结果的合理性。这是在物理学科中经常使用的方法。

> 采用量纲分析，判断所列方程是否有误；根据物理概念，看答案的数量级和正负号是否对头；根据误差理论，估计误差的范围；根据互等理论，看计算结果是否合理；根据上下限定理，看计算结果是否出格；在渐进法和迭代法中，判断结果是否收敛；在对称结构中，检

---

① 保铮：谈谈培养博士生的一些体会。见：许国志，陈太一编，《院士谈教育》。福州：福建教育出版社，2002年，第231页。

查结果的对称性。①

保铮进行定性判断的方法，与量纲分析方法很相似，可以快速校正物理方程和经验公式的正确性和完整性。

二是"顶天立地"的科研理念。"顶天"意为走在国际学科发展趋势的前沿。保铮非常关注学科前沿，对新技术十分敏感，密切关注发展动向，举办讲座和研讨班进行学习，并让一些研究生以此作为主要研究方向。保铮多次强调："学习信号处理的人，如果不学习只吃老本，用不了多久就落后了。""立地"就是要从国家的实际需要出发，为国家建设真正发挥作用。重点实验室的许多科研工作，同实际结合得非常紧密。雷达系统出现问题，首先就反应在信号处理，从信号处理能够判断是系统中那部分的问题。因此，重点实验室的工作虽然是专注于信号处理领域，但在实际工作中涉及面很广，实验室不但研究信号处理，还要改造雷达，要使整个雷达系统处于最优。在保铮的带领下，重点实验室能够有效地帮助雷达整机研制部门解决问题。保铮的科研工作紧密围绕实际问题，能够有效解决问题，也使得保铮在雷达界有着极高的威望。

保铮"顶天立地"的观念，是其青年时代"科学救国"思想的延续和升华。早年的"科学救国"思想只是一个青年的梦想，而经过岁月的磨砺后形成的走在学科发展前沿、面向国家需求的具体实践，才是其宽广视野的体现。按照基础科学、技术科学和工程技术三个门类的科学体系划分，雷达信号处理属于技术科学领域。技术科学是基础科学与工程技术之间的桥梁，既需要从基础科学中获取理论，也需要能够从理论上指导工程实践。这个特点也充分体现在雷达信号处理的科研中。一方面，研究者需要具备良好的数学和物理基础，能够熟练使用数学手段描述客观实体；另一方面，研究者还需要对雷达整体系统有充分了解，能够解决雷达系统运转中出现的实际问题。从这个角度看，保铮的"顶天立地"的科研理念与技术科学的特点是契合的——"顶天"与"立地"的关系可以看作学科前沿

---

① 龙驭球，包世华：《结构力学 1》。北京：高等教育出版社，2018 年，第 15 页。

与国家现实需求的关系;"天"与"地"之间,便是技术科学发挥作用的广阔区域。

> 只看到国家需求的情况,只看到国民经济的情况,别人有什么,我们搞什么,这是不行的。国内研究所的人那么多,力量那么强,高校必须要有特点,我们必须要超前一些。所以在基础理论研究方面,我是一直抓得比较紧的。①

三是善于发现问题、创造机会。保铮特别善于解决实际问题,这既与他有丰富的实践有关系,更因为他理论知识扎实,对物理概念有清晰准确的把握。在大连工学院跟随王大珩做物理实验,毕业留校后在毕德显的安排下在实验室制作仪器设备,都锻炼了其动手能力,打下了很好的基础。在"文化大革命"中研制埋地电力电缆测试仪的经历,切实地让他认识到实践的重要性,促使他养成了乐于为工厂、研究所等部门解决实际问题的习惯,他也从中受益颇多。

在雷达信息处理领域,涉及很多其他专业的知识,如数学、工程、信息等专业,在这些领域里很多基本理论已经探讨清楚,解决问题的方法也都比较完善,关键是要找到问题。保铮说:"很多时候大家都具备解决问题的能力,只不过在水平上存在不同程度的差异,关键是要有找问题的本领,就像猎人'找兔子'比'打兔子'更有用。"② 由于雷达所带有的浓厚军事应用特性,没有国家的支持,只靠个人的力量是很难在这个领域取得成绩。让人敬佩的是,保铮是从平凡的岗位上、在看似没有机会的状况下,善于发现问题和解决问题,努力争取到科研机会并有所成就。保铮在科研上最早的成就,如研制国内第一台微波气象雷达、发明埋地电力电缆故障检测仪,以及促使其进入雷达信号处理领域的项目——数字动目标显示器,这些科研都是他依靠自己的学识而努力争取到的机会。

---

① 保铮:在陕西省高等学校重点学科建设工作会议上的报告。2001年,未刊稿。资料存于采集工程数据库。

② 冯大政访谈,2013年9月24日,西安。资料存于采集工程数据库。

作为一名科学家、一名教育家，保铮把毕生精力奉献给了国家，"顶天立地"地为我国雷达技术的进步、发展和传承，作出了杰出贡献。本传记展示的或许只是他的一个侧影。由于专业壁垒，普通人难以理解保铮在科研道路上的峰回路转和精思妙想；伴随科技发展，保铮这一代学者所做的点滴努力也都逐步成为后来者前进道路上的铺路石。保铮专注于一个领域，淡泊名利，努力追赶、超越国际水平，着力培养年轻人的精神，值得我们学习。这应该就是本书的意义所在，让后来者去了解一个身处变革时代的知识分子普通但不平凡的人生。

附录一　保铮年表

1927年

12月1日，出生于江苏南通。父亲保沄孙，母亲孙子嘉。兄弟姐妹共十人，排行第七。

1933年

9月，入读大王庙小学。

1935年

9月，转入城北小学读三年级。

1938年

秋季，转入南通第二小学读五年级。

1939年

9月，跳级进入南通公立中学读初中一年级。

1940年

初一下学期，因患气管炎休学半年。

1942年
9月，在南通公立中学读高中一年级。

1943年
高二，在高中三个年级的数学竞赛中取得第一名的成绩。

1944年
6月，考入私立河海工程专门学校，学习与水利相关的数学、物理、测量等知识。

1945年
9月，私立河海工程专门学校停办。
被医院诊断为肺结核，卧床休息。

1948年
考入南通学院（现南通大学）学习纺织专业。

1949年
1月，因对纺织专业不感兴趣而辍学。后报考清华大学、上海交通大学、大连大学、唐山工学院，都被录取，选择了位于解放区的大连大学。

10月，入读大连大学工学院电讯系。

1952年
2月29日，随大连工学院电讯系并入张家口军委工程学校。

张家口军委工程学校一部改建为中国人民解放军通信工程学院，并成立了雷达工程系。随大连工学院电讯系转入雷达工程系，成为新中国的第一届雷达生。

1953年

7月，毕业于中国人民解放军通信工程学院雷达工程系，获得优秀毕业生一等奖。因成绩优秀，留校工作，被分配在雷达基础教授会，主任是毕德显。

1954年

开始担任讲师，讲授除发射机外的雷达专业所有课程，同时在实验室工作。

11月28日，被通信工程学院授予三等功。

1956年

4月，加入毕德显创办的信息论研究小组。

第一篇学术论文《有干扰时通信体系的极限通信能力》发表在《电信科学》1956年第5期。

1957年

编写的第一本教材《雷达指示设备》出版。

开始讲授脉冲电路。

1958年

8月，随学院整体迁到西安。

带领学生研制气象雷达显示器。

开始讲授电子线路。

1960年

1月，学院更名为中国人民解放军军事电信工程学院。

共同主持研制成功国内第一台微波气象雷达，其性能与当时国外同类产品相当。

7月30日，和余伟南在北京阜外医院集体宿舍举办了极为简朴的婚礼。

1961年

11月，与毕德显等共同翻译的苏联教材《超高频天线》在人民邮电出版社出版。

1962年

被调到重庆的中国人民解放军雷达工程学院（简称重庆雷达学院）。

编写教材《脉冲技术基础》《电子管放大器》《非线性电子线路》。

被评为讲师。

1963年

调回西安的中国人民解放军军事电信工程学院，担任脉冲技术教研室副主任，主管教学工作。

编写的教材《电子管放大器》被评为学院一等奖。

1964年

论文《短回程锯齿波振荡器的分析》在《电子学报》第2期发表。

1965年

受命到14所做教改调查，解决了很多技术难题。

1966年

4月1日，所在中国人民解放军军事电信工程学院更名为西北电讯工程学院，学院教职员工集体转业。

1970年

到关中供电局电缆班劳动，其间发明冲击闪络电力电缆故障探测仪，解决了供电部门一大难题，并迅速推广到全国。

1972年

回到学校，担任雷达工程系 201 教研室副主任。

学校"开门办学"，同工农兵学员到安徽大别山的 726 厂开展教改工作，解决许多技术难题。

1973年

到眉县"五七"干校劳动。

11 月，在南京参加有关新雷达研制的会议，提出自主研制通用雷达信号处理器。

在雷达终端信号处理、自适应 DMTI 技术方面，与 720 厂合作。

1974年

开始研制通用的数字动目标显示器，在教研室成立研究小组。

1976年

带领研究小组研制出数字动目标显示器样机，受到国内雷达界广泛重视，并迅速推广到多家研究所和工厂，对数字技术在国内雷达中的应用起到促进作用。

1977年

到重庆通信学院讲学，时隔 14 年后再次与毕德显相见。

被特批为副教授。

1978年

4 月，因"在科学实验运动中取得优异成绩"获得中国共产党陕西省委员会、陕西省革命委员会授予的表彰证书。

将脉冲电路课砍掉，开设信号处理课。

加入中国共产党，介绍人为林印心、彭春林。

主导研制的"DGC 埋地电力电缆故障测试仪"获得全国科学大会奖；

0.2 微秒数字信号动目标显示器获陕西省科学技术成果奖。

1979年
秋，担任雷达工程系系主任，主抓教学和科研。

中国电子学会组织电子教育代表团赴日考察电子教育，作为成员随同前往。

1980年
1月，主导研制的"0.2微秒采样数字动目标显示"获第四机械工业部颁发的电子工业科技成果奖一等奖。

12月，担任西北电讯工程学院副院长。

"0.2微秒数字动目标显示对消器"获国防工业科学技术研究成果评选委员会颁发的重大技术改进成果奖二等奖。

1981年
11月24日，担任西北电讯工程学院学位评定委员会副主任委员。

开始招收硕士研究生；被选聘为国务院学位委员会学科评议组成员。

1982年
7月19—22日，参加国务院学位委员会主办的西北西南地区硕士学位授予工作座谈会并发言。

8月24日，被评为教授。

10月19—21日，参加学院研究生培养工作会议并作报告。

10月，主动从副院长岗位退下，在电子工程系任教师。

带领团队研制出雷达天线自适应旁瓣相消器，设备性能良好，被推广应用到有关研究所、工厂和部队，并配置与于多种雷达。

1983年
在研究生中开办学术讨论班，获得很好效果。

1984年

1月13日，被国务院学位委批准为博士生导师。

10月，被任命为西北电讯工程学院院长。

10月6日，在解放军通信工程学院参加祝贺毕德显执教50周年的集会。

将西北电讯工程学院的办学方针确定为"以信息和电子学科为主，工理文管相结合，多层次，结构合理，有自己特色的社会主义大学"。

被评为国家级有突出贡献的科技专家。

主导完成的"自适应天线旁瓣相消"获电子工业部理论成果一等奖。

1985年

2月16日，被选聘为国务院学位委员会工学学科评议组成员。

春季，当选为中国电子学会高级会员。

12月2日，参加学院第一名博士生寇卫东（导师为胡征）的答辩。

被评为电子工业部和陕西省优秀教师；主持的某项目获电子工业部科学技术进步奖二等奖，陕西省科研成果一等奖。

1986年

4月23—25日，在学院召开的首届教代会第二次会议上作工作汇报。

被聘为国家自然科学基金委员会第一届电子学学科评审组成员。

带领课题组研制出我国第一部可编程动目标检测信号处理样机。

1987年

5月，在学院建院40周年大会上讲话。

12月，出席首届全国高等学校优秀教材评审会议。

主持研制的"可编程雷达信号处理机"和"雷达低速目标检测器"通过电子工业部部级鉴定，专家认为"雷达低速目标检测器"为国内首创；"可编程雷达信号处理机"达到国外同类产品的先进水平。

领导的项目"抑制有源干扰的空域滤波——自适应天线旁瓣相消"获得电子工业部科学技术进步奖二等奖。

1988年

4月2日，在全校师生大会上作报告，说明学院改名为"西安电子科技大学"的缘由。

4月，荣获全国总工会颁发的全国五一劳动奖章；获得中华全国总工会授予的"全国优秀教育工作者"称号；获得"全国优秀教育工作者"称号。

7月6日，在西安电子科技大学校友会成立大会上被推选为会长。

7月，"抑制有源干扰的空域滤波——自适应天线旁瓣相消"获国家科学技术进步奖三等奖。

被聘为国家自然科学基金委员会第二届（1988—1989年）电子学学科评审组成员。

"可编程雷达信号处理机与低速目标检测技术"项目获得电子工业部科学技术进步奖一等奖。

1989年

7月，"可编程雷达信号处理机与低速目标检测技术"获得国家科学技术进步奖二等奖。

11月30日，因在《2000年的中国国防科学技术发展战略研究》中的专题报告《2000年的中国军用电子技术》的研究工作，获得国防科学技术工业委员会颁发的证书。

担任博士生导师。

1990年

7月，获得政府特殊津贴。

12月，被授予"全国高等学校先进科技工作者"称号。

1991年

11月，当选为中国科学院技术科学部学部委员。

12月，"高分辨空间谱估计"获机械电子工业部科学技术进步奖三等奖。

依托电子工程研究所建设雷达信号处理国防科技重点实验室。

领导完成了我国下一代机载预警雷达系统方案论证。

完成逆合成孔雷达运动补偿和成像的阶段研究。

担任陕西省自然科学研究项目自主经费评审组信息科学组专家。

1992年

7月17日，作为鉴定委员会主任，主持MTVT-91型微波开路电视系统（中国空间技术研究院研制）鉴定会。

12月，"逆合成孔径雷达运动补偿和成像"获机械电子工业部科学技术进步奖一等奖；"多功能雷达自适应信号处理技术，数字自适应旁瓣相消系统（五通道）"获机械电子工业部科学技术进步奖二等奖。

获光华科技基金特等奖。

1993年

2月，获1991—1992年度国家科委"863"计划先进工作者三等奖。

1994年

12月，"机载预警雷达实验系统时空二维自适应信号处理技术"获电子工业部科学技术进步奖一等奖。

1995年

9月15—18日，出席在西安召开的中国电子学会首届青年学术年会暨全国科协第二届青年学术年会电子学科会议，与西北工业大学校长戴冠中共同担任大会指导委员会主席，会议主题为"电子信息理论、技术、应用与教育"。

12月，"基于神经网络的优化计算与智能信号处理"获电子工业部科学技术进步奖二等奖。

1996年

3月18日，当选为陕西省1995年十大科技新闻人物。

8月，因"八五"期间在军事电子工作中的成绩显著，获得电子工业部的表彰。

1997年

3月30日，文章《高校应为增加企业科技实力作贡献》被部委科技会议论文资料收录。

12月，"米波雷达超分辨技术研究"获电子工业部科学技术进步奖二等奖。

1999年

1月，"空时神经计算理论及应用"（第四完成人）获教育部颁发的科学技术进步奖二等奖。

10月21日，获何梁何利基金科学与技术进步奖，将20万元奖金捐给学校作为青年教师科技创新奖励。

11月，作为《电子学报》编委，出席在深圳召开的21世纪电子与信息科技发展与展望学术报告会；被聘为中国电子教育学会资深会员。

12月，获陕西省人民政府颁发的普通高等学校教学成果奖特等奖。

与张贤达合著的《非平稳信号分析与处理》获全国优秀科技图书二等奖。

2000年

4月24—25日，在北京参加北京太平洋连宇通信技术公司举办的技术交流会。

7月26—30日，考察雷达兵部队的三个雷达站，并给雷达兵部队机关干部作了讲座。

担任空军雷达学院客座教授。

在西安出席21世纪中西部通信技术与产业发展研讨会。

2001年

1月13日，出席西安亚太科学院新产品演示会。

3月，"在副瓣平约束条件下的数字波束形成优化算法和实现条件"获陕西省信息产业厅颁发的二等奖。

4月2日，被推选为陕西省反邪教协会理事长。

6月26—27日，为空军某研究所科研人员作专题学术报告《雷达信号处理技术新发展》。

9月，"快速自适应空域滤波的子波算法"（第二完成人）、"参数估计的稳健方法研究"（第二完成人）获得教育部科技成果证书；"雷达实时成像技术"（第一完成人）获陕西省高等学校科学技术进步奖一等奖。

11月，与何明一合著的《神经网络与信号处理系统——有限精度设计理论》获得首届国防科技工业优秀图书奖。

与张贤达合著的《通信信号处理》出版，并荣获2001年全国优秀科技图书二等奖。

指导的博士生水鹏朗的学位论文《广义内插小波和递归内插小波理论及应用的研究》入选2001年"全国百篇优秀博士学位论文"。

2002年

9月25—26日，在院庆五十周年活动上发表学术讲座，题目是《当前雷达信号处理技术现状与发展》。

12月，在西安电子科技大学首届研究生学术年会上作报告。

12月21—22日，参加西安电子科技大学学科建设规划制定工作高层研讨会。

指导的博士生欧阳缮的学位论文《主分量和次分量神经网络学习算法及应用》入选2002年"全国百篇优秀博士学位论文"。

在雷达学院"某型雷达空时自适应信号处理系统"军队重点项目的方案论证、立项评审和科技攻关等方面给予了积极的指导和帮助，在项目某些难点问题的研究上进行了多次合作和探讨。在空军培养雷达高科技拔尖人才的背景下，与王永良教授建立了长久的"帮带"关系，在雷达抗干扰技术、目标识别技术和微小信号检测技术等方面得到指导。

2003年

1月7号，参加校科研处主持召开的全校青年教师科研工作座谈会。

3月28—29日，出席在厦门大学举行的春季研究生教改论坛。

6月18日，因在我国学位与研究生教育事业的改革与发展中作出的重要贡献，受到国务院学位委员会第四届学科评议组的表彰。

8月5—6日，参加西安电子科技大学雷达信号处理国防科技重点实验室中期评估会。

11月，参加西安电子科技大学2003年度研究生学术年会。

2004年

3月，与"中国学位与研究生教育发展历史研究"课题组座谈，介绍在研究生培养中取得的经验。

3月，担任深圳市无线电专家委员会委员。

3月15日，参加研究生院评估报告校内评审会。

6月，参加引进雷达和某新型雷达总体论证技术鉴定工作会议。

8月20—22日，在山东烟台海军航空工程学院参加第九届全国雷达学术年会，并作特邀学术报告。

11月5日，参加北京邮电大学召开的首届优秀博士论文暨优秀研究生教材颁奖会和全国百篇优秀博士论文指导教师特邀报告会，并作报告《研究生培养和科学研究相结合》。

博士生邢孟道的学位论文《基于实测数据的雷达成像方法研究》获得2004年度"全国百篇优秀博士学位论文"提名奖。

2005年

6月，在桂林参加全国信息与电子学科研究生教育论坛，并作题为《关于提高研究生培养质量的思考》的报告。

11月2—5日，参加2005年中国合成孔径雷达会议并作报告。

与邢孟道、王彤合著的《雷达成像技术》出版。

对无源探测雷达、雷达组网、提高预警探测能力等项目进行了技术指导，主持有关成果的对比评审；为空军装备部机关参谋人员高科技培训班讲课。

2006年

1月16日，参加学校2006年长江学者、杰出青年科学基金候选人选拔推荐工作会。

2月13日，访问中国科学院电子学研究所。

5月21—22日，作为北京邮电大学"十五""211工程"建设项目验收专家组组长，对北京邮电大学进行验收工作。

7月8日，参加西安电子科技大学新疆科技园的开园仪式。

10月12日，获得陕西省老教授协会颁发的"思源贡献奖"证书和奖金。

10月14日，作为教师代表参加56级老校友聚会。

2007年

4月，对雷达学院某雷达组网项目进行指导，并担任专家技术组组长，对组网检飞结果进行评审。

5月，参加某三坐标雷达研制招标会，担任专家组副组长；对某新体制雷达论证项目的总体方案、主要指标论证给予了大量帮助和技术支持。

10月22日，被电子工业出版社为"优秀作译者"。

11月30日，作为特邀嘉宾出席陕西电子工业研究院成立大会。

11月，参加雷达学院五十五周年院庆并作报告。

12月，在某型雷达探测系统的论证、建立等过程中，给出有效建议。

2008年

1月，参加某预警雷达应答机方案评审会，担任专家组组长。

5月15日，接待中国工程院信息与电子工程学部的7名院士来西安电子科技大学参观指导工作。

5月,参加某雷达设计定型审查会。

7月,参加空军装备研究院第一届青年科技学术交流会(雷达技术沙龙),与青年雷达科技工作者座谈。

秋,作为空军聘请的七位院士顾问之一,赴空军航空大学、工程大学和雷达学院考察指导;在空军工程大学的总结点评会上,提出"军事院校的科研要面向国家需求,面向国际前沿,重点掌握核心技术,其他的可以通过协作的方式交给地方来做。"

12月12日,出席西安电子科技大学纪念迁校50周年庆典大会。

与张光义院士指导的某雷达探测系统获科学技术进步奖一等奖。

指导的博士生李真芳的学位论文《分布式小卫星SAR-InSAR-GMTI的处理方法》获得2008年"全国百篇优秀博士论文"提名奖。

参加某告警雷达课题的研讨并解决关键问题。对"超视距雷达技术研究"工作进行指导和帮带;对某新型雷达在沿海地区使用时虚假目标多的问题开展专题研究,提出解决措施;参加某雷达改进方案和某机动式雷达研制方案评审会;参加某新型雷达发展研讨会,并提出意见。

指导的"新型雷达低自由度自适应某某方法"获国家发明奖二等奖。

2009年

4月,作为调研组组长,听取某新型雷达总体方案汇报,并提出建设性意见。

5月19日,在西安参加纪念集成电路发明50周年技术科学论坛。

6月,"基于高距离分辨回波的雷达目标识别技术"(第二完成人)获陕西省教育厅颁发的陕西高等学校科学技术奖二等奖。

6月27日,参加西安电子科技大学"十二五"科研工作研讨会并发表讲话。

12月10日,出席西安电子科技大学2009年"第二届研究生新导师培训"开幕式暨全国优秀博士学位论文表彰颁奖典礼并发表讲话。

12月13日,在第七届全国信息与电子学科研究生教育学术研讨会作报告《与时俱进提高研究生培养质量》。

指导的博士生杜兰的学位论文《雷达高分辨距离像目标识别方法研究》入选 2009 年"全国百篇优秀博士学位论文"。

2010年

5月，被聘为空军战略预警装备专家委员会委员。

9月1日，"小卫星分布式合成孔径雷达信号处理技术"（第二完成人）获教育部颁发的科技成果证书。

10月，因对国际信号处理会议作出的卓越贡献，获得 IEEE 国际信号处理会议颁发的荣誉证书。

指导的博士生陈渤的学位论文《基于核方法的雷达高分辨距离像目标识别技术研究》获得 2010 年"全国百篇优秀博士学位论文"提名奖。

2011年

1月，"多维多通道滤波理论与算法及在雷达信号处理中的应用"（第三完成人）获教育部颁发的自然科学奖二等奖。

2012年

1月，因在任总装备部科技委顾问期间为国防科技和装备研制作出的突出贡献，获得中国人民解放军总装备部颁发的荣誉证书。

9月21日，荣获《中国电子学报》和 Chinese Journal of Electronics 两刊终身荣誉奖。

2020年

10月21日，病逝于西安。

附录二 保铮主要论著目录

［1］保铮. 雷达指示设备［M］. 西安：中国人民解放军通信学院，1957.

［2］保铮. 脉冲技术（上册）［M］. 北京：北京科学教育编辑室，1962.

［3］保铮. 脉冲技术（下册）［M］. 北京：北京科学教育编辑室，1962.

［4］保铮. 电子管放大器［M］. 西安：军事电信工程学院，1963.

［5］保铮，强伯涵，刘德树. 非线性电子线路［M］. 西安：军事电信工程学院，1964.

［6］保铮. 脉冲技术基础［M］. 西安：军事电信工程学院，1965.

［7］保铮. 自适应天线旁瓣相消的几个问题［M］. 西安：西北电讯工程学院出版社，1984.

［8］帕普里斯. 概率、随机变量与随机过程［M］. 保铮，章潜五，吕胜尚，译. 西安：西北电讯工程学院出版社，1986.

［9］保铮，吴顺君，张玉洪. 雷达信号处理的新展望［M］. 西安：西安电子科技大学雷达信号处理重点实验室，1993.

［10］罗景青，保铮. 雷达阵列信号处理技术的新发展［M］. 合肥：中国人民解放军合肥电子工程学院，1994.

［11］张贤达，保铮. 非平稳信号分析与处理［M］. 北京：国防工业出版社，1998.

[12] 何明一，保铮. 神经网络与信号处理系统——有限精度设计理论[M]. 西安：西北工业大学出版社，1998.

[13] 张贤达，保铮. 通信信号处理[M]. 北京：国防工业出版社，2000.

[14] 保铮，邢孟道. 雷达成像原理[M]. 北京：电子工业出版社，2005.

[15] 保铮，邢孟道，王彤. 雷达成像技术[M]. 北京：电子工业出版社，2005.

[16] 帕普里斯，佩莱. 概率、随机变量与随机过程[M]. 保铮，冯大政，水鹏朗，译. 西安：西安交通大学出版社，2012.

[17] 保铮. 有干扰时通信体系的极限通信能力[J]. 电信科学，1956（5）：5-10.

[18] 保铮. 短回程锯齿波振荡器的分析[J]. 电子学报，1964（2）：39-51.

[19] 保铮. 负阻触发器中的硬激励振荡[J]. 中国人民解放军军事电信工程学院，1964（8）.

[20] 保铮. 用迟延线控制的单稳触发电路的分析[J]. 中国人民解放军军事电信工程学院，1964（9）.

[21] 保铮，孙肖子. 串接晶体管宽频带放大器[J]. 中国人民解放军军事电信工程学院，1965（6）.

[22] 保铮. 自适应天线旁瓣相消的几个主要问题[J]. 西北电讯工程学院学报，1980（4）：1-17.

[23] 保铮，沈福民. 用单延迟节滤波器的自适应天线旁瓣相消系统[J]. 西北电讯工程学院，不详.

[24] 保铮，沈福民. 用单延迟节滤波器改善雷达天线自适应旁瓣相消[J]. 西北电讯工程学院学报，1982（1）：29-38.

[25] 保铮，彭学愚，张守宏. 动目标检测雷达抑制气象杂波的研究[J]. 电子学报，1984（1）：28-34.

[26] 保铮. 雷达信号处理技术的新进展[J]. 现代雷达，1984（2）：64-74.

[27] 保铮，杨万海，杜文辉，等. MTD雷达零速滤波器性能的改进[J].

西北电讯工程学院学报,1985(2):1-12.

[28] 保铮,谢维信,游余立. 电子系统抗干扰性能测度[J]. 西安电子科技大学学报,1989(1):70-78.

[29] 保铮,谢维信,朱宾. 雷达系统抗欺骗型干扰性能的测度[J]. 电子学报,1989(6):13-20.

[30] 保铮,邓文彪,杨军. 散射"重心"跟踪的ISAR运动补偿方法[J]. 西安电子科技大学学报,1990(3):1-8.

[31] LU MING, BAO Z. Spatial Spectrum Estimation of Coherent Sources Impinging on Nonuniform Arrays[J]. Journal of Electronics(China),1991(3):193-205.

[32] LUO J Q, BAO Z. Resolution Performance of the Eignestructure Approach[J]. Journal of Electronics(China),1992(1):1-8.

[33] 保铮,邓文彪,杨军. ISAR成像处理中的一种运动补偿方法[J]. 电子学报,1992(6):1-6.

[34] 保铮,廖桂生,吴仁彪,等. 相控阵机载雷达杂波抑制的时-空二维自适应滤波[J]. 电子学报,1993(9):1-7.

[35] 保铮,张玉洪,廖桂生,等. 机载雷达空时二维信号处理[J]. 现代雷达,1994(1):38-48.

[36] 保铮,张玉洪,廖桂生,等. 机载雷达空时二维信号处理(续)[J]. 现代雷达,1994(2):17-27.

[37] 保铮,廖桂生,张玉洪. 一种具有容差能力的机载雷达二维自适应信号处理器[J]. 电子学报,1994(6):51-55.

[38] 保铮,张庆文. 一种新型的米波雷达——综合脉冲与孔径雷达[J]. 现代雷达,1995(1):1-13.

[39] ZHANG Q W, BAO Z, ZHANG Y H. Time-space 3D Matched FilteringforPerformanceAnalysis of Synthetic Impulse and Antenna Radar [J]. Journal of Electronics(China),1995(1):48-57.

[40] HUANG D S, BAO Z. Study of Recognition Technique of Radar Target's One-dimensional Images Based on Radial Basis Function

[40] Network [J]. Journal of Electronics (China), 1995 (3): 200-210.

[41] 保铮, 孙晓兵. 时频平面分析非平稳信号的研究进展 [J]. 电子科技导报, 1996 (4): 2-4, 8.

[42] 保铮, 叶炜. ISAR 运动补偿聚焦方法的改进 [J]. 电子学报, 1996 (9): 74-79.

[43] SHI Z E, BAO Z. Group-normalized Processing of Complex Wavelet Packets [J]. Science in China, 1997 (1): 28-43.

[44] LIAO G S, BAO Z, XU Z Y. A Framework of Rank-reduced Space-time Adaptive Processing for Airborne Radar and Its Applications [J]. Science in China, 1997 (5): 505-512.

[45] YE Y, BAO Z. A New Autofocus Method for Inverse Synthetic Aperture Radar-local Dominant Scatterer Synthesis [J]. Science in China, 1997 (6): 653-660.

[46] 保铮, 王根原. 具有三维转动目标的逆合成孔径雷达成像算法 [J]. 西安电子科技大学学报, 1997 (S1): 1-9.

[47] ZHANG J K, BAO Z, YU H Y. Analysis of Orthogonal M-band Wavelet Approximation Power [J]. Science in China, 1998 (1): 88-94.

[48] YU H Y, BAO Z. Performance Study of a Class of Cyclic Weighted Subspace Fitting Methods [J]. Science in China, 1998 (5): 519-526.

[49] 保铮, 王根原, 罗琳. 逆合成孔径雷达的距离：瞬时多普勒成像方法 [J]. 电子学报, 1998 (12): 79-83.

[50] 保铮. 知识经济与人才培养 [J]. 西安电子科技大学学报（社会科学版）, 1999 (1): 1-3.

[51] ZHANG J K, BAO Z. Orthogonal M-band Compactly Supported Interpolating Wavelet Theory [J]. Science in China, 1999 (6): 567-583.

[52] SHUI P L, BAO Z. Interval Interpolating Wavelets with Robust Boundary Filters [J]. Science in China, 2000 (3): 287-296.

［53］保铮，孙长印，邢孟道. 机动目标的逆合成孔径雷达成像原理与算法［J］. 电子学报，2000（6）：24-28，39.

［54］OUYANG S，BAO Z，LIAO G S. Fast Adaptive Principal Component Extraction Based on a Generalized Energy Function［J］. Science in China，2003（4）：250-261.

参考文献

[1] 中国科学院院士工作局. 科学的道路：下卷 [M]. 上海：上海教育出版社，2005.

[2] 中国科学技术协会. 中国科学技术专家传略：电子信息科学技术卷 3 [M]. 北京：中国科学技术出版社，2011.

[3] 江苏省文史资料委员会. 智慧之光：南通籍院士风采录 [M]. 南京：江苏文史资料编辑部，1999.

[4] 全国信息与电子学科研究生教育研究学术委员会. 21 世纪信息与电子学科研究生教育研究 [M]. 北京：电子工业出版社，2002.

[5] 全国信息与电子学科研究生教育委员会. 21 世纪信息与电子学科研究生教育研究暨纪念学会成立十周年 [M]. 北京：电子工业出版社，2006.

[6] 西安电子科技大学校长办公室. 流金岁月 [M]. 西安：西安电子科技大学出版社，2001.

[7] 龙建成，强建周. 岁月如歌 [M]. 西安：西安电子科技大学出版社，2010.

[8] 李立，董建中. 光辉历程：第三册 [M]. 西安：陕西人民出版社，2006.

[9]《与国外接轨》丛书编委会. 时代造就华夏人：西安科教探索事例篇 [M]. 北京：光明日报出版社，2006.

[10] 徐任. 走近院士 [M]. 西安：陕西人民教育出版社，1999.

［11］张聿温. 天鹰座［M］. 北京：海潮出版社，2006.

［12］孙懋德. 大连理工大学五十年纪事［M］. 大连：大连理工大学出版社，1999.

［13］缪建新. 学习和学习品质研究［M］. 南京：河海大学出版社，2001.

［14］许国志，陈太一. 院士谈教育［M］. 福州：福建教育出版社，2002.

［15］陈太一. 陈太一文集［M］. 西安：西安电子科技大学出版社，1996.

［16］杨学生，卫亚伟，余光烈. 毕德显［M］. 北京：中国科学技术出版社，2002.

［17］张直中，钱永红. 雷达人生——张直中口述自传［M］. 长沙：湖南教育出版社，2013.

［18］龙驭球，包世华. 结构力学1［M］. 北京：高等教育出版社，2018.

［19］刘红，周国忠. 线缆故障检测方法［J］. 计算机测量与控制，2020（28）：42.

［20］强伯涵. 1982年国际雷达会议介绍［J］. 西北电讯工程学院学报，1983（1）：129-130.

［21］信号与信息处理学会侧记［J］. 电子学报，1982（2）：55.

［22］袁熹. 全国第二届雷达年会在西安举行［J］. 西北电讯工程学院学报，1984（1）：29.

［23］毛二可. 动目标检测技术交流会小结［J］. 信号处理，1986（1）：42.

［24］郦能敬. 隐身飞机与技术——从二次世界大战到海湾战争［J］. 现代雷达，1993（1）：26.

［25］张庆文，保铮，张玉洪. 一种在接收端综合发射阵列波束的新方法［J］. 现代雷达，1992（3）：41.

［26］张庆文，保铮，张玉洪. 稀布阵综合脉冲和孔径雷达的接收信号处理［J］. 现代雷达，1992（5）：32.

［27］"我院召开科研工作会议"［N］. 西电科大报，1981-12-8.

［28］以培养能力为重点，深入进行教学改革——保铮院长在全院学生大会上讲话［N］. 西电科大报，1985-4-5.

［29］阿烈. 我院聘请孟昭英、毕德显为名誉教授［N］. 西电，1985-6-5.

［30］杜兰. 攻坚"雷达目标识别"十余载［N］. 西电科大报，2016-6-14.

后 记

本传记依托保铮院士学术成长资料采集工程项目。采集小组对保铮院士及其家人（保烽）、同学（季修甫、穆烜、赵树芗）、同事（陆光华、李文朴、吴顺君、董建中、刘宏伟、张以杰、曹天顺、邓超、葛德彪、彭学愚、王厚生等）、学生（邢孟道、冯大政、张磊、廖桂生、水鹏朗、吴仁彪等）进行了采访。

在书稿撰写过程中，保铮院士生前的亲朋及后辈，包括但不限于段宝岩、郝跃、孙肖子、吴顺君、陆光华、吴铁平、刘宏伟、苏洪涛、保谦、保宏、秦明等人，或是提供了珍贵的文字及影像素材，或是对传记文稿进行了反复多次的审阅，提出了诸多宝贵意见和建议。此外，西安电子科技大学的水鹏朗、王彤、邢孟道、李真芳、杜兰、陈渤、索志勇、丁金闪、徐青、韩霜、牛婷钰等人，对传记的校对编辑工作付出了辛勤劳动，在此一并表示深深的感谢！

老科学家学术成长资料采集工程丛书
已出版（161种）

《卷舒开合任天真：何泽慧传》　　《此生情怀寄树草：张宏达传》
《从红壤到黄土：朱显谟传》　　　《梦里麦田是金黄：庄巧生传》
《山水人生：陈梦熊传》　　　　　《大音希声：应崇福传》
《做一辈子研究生：林为干传》　　《寻找地层深处的光：田在艺传》
《剑指苍穹：陈士橹传》　　　　　《举重若重：徐光宪传》

《情系山河：张光斗传》　　　　　《魂牵心系原子梦：钱三强传》
《金霉素·牛棚·生物固氮：沈善炯传》《往事皆烟：朱尊权传》
《胸怀大气：陶诗言传》　　　　　《智者乐水：林秉南传》
《本然化成：谢毓元传》　　　　　《远望情怀：许学彦传》
《一个共产党员的数学人生：谷超豪传》《没有盲区的天空：王越传》

《含章可贞：秦含章传》　　　　　《行有则　知无涯：罗沛霖传》
《精业济群：彭司勋传》　　　　　《为了孩子的明天：张金哲传》
《肝胆相照：吴孟超传》　　　　　《梦想成真：张树政传》
《新青胜蓝惟所盼：陆婉珍传》　　《情系梁菽：卢良恕传》
《核动力道路上的垦荒牛：彭士禄传》《笺草释木六十年：王文采传》

《探赜索隐　止于至善：蔡启瑞传》《妙手生花：张涤生传》
《碧空丹心：李敏华传》　　　　　《硅芯筑梦：王守武传》
《仁术宏愿：盛志勇传》　　　　　《云卷云舒：黄士松传》
《踏遍青山矿业新：裴荣富传》　　《让核技术接地气：陈子元传》
《求索军事医学之路：程天民传》　《论文写在大地上：徐锦堂传》

《一心向学：陈清如传》　　　　　《钤记：张兴钤传》
《许身为国最难忘：陈能宽传》　　《寻找沃土：赵其国传》

《钢锁苍龙　霸贯九州：方秦汉传》　　《虚怀若谷：黄维垣传》
《一丝一世界：郁铭芳传》　　　　　　《乐在图书山水间：常印佛传》
《宏才大略　科学人生：严东生传》　　《碧水丹心：刘建康传》

《我的气象生涯：陈学溶百岁自述》　　《我的教育人生：申泮文百岁自述》
《赤子丹心　中华之光：王大珩传》　　《阡陌舞者：曾德超传》
《根深方叶茂：唐有祺传》　　　　　　《妙手握奇珠：张丽珠传》
《大爱化作田间行：余松烈传》　　　　《追求卓越：郭慕孙传》
《格致桃李半公卿：沈克琦传》　　　　《走向奥维耶多：谢学锦传》
《躬行出真知：王守觉传》　　　　　　《绚丽多彩的光谱人生：黄本立传》
《草原之子：李博传》

《此生只为麦穗忙：刘大钧传》　　　　《探究河口　巡研海岸：陈吉余传》
《航空报国　杏坛追梦：范绪箕传》　　《胰岛素探秘者：张友尚传》
《聚变情怀终不改：李正武传》　　　　《一个人与一个系科：于同隐传》
《真善合美：蒋锡夔传》　　　　　　　《究脑穷源探细胞：陈宜张传》
《治水殆与禹同功：文伏波传》　　　　《星剑光芒射斗牛：赵伊君传》
《用生命谱写蓝色梦想：张炳炎传》　　《蓝天事业的垦荒人：屠基达传》
《远古生命的守望者：李星学传》

《善度事理的世纪师者：袁文伯传》　　《化作春泥：吴浩青传》
《"齿"生无悔：王翰章传》　　　　　　《低温王国拓荒人：洪朝生传》
《慢病毒疫苗的开拓者：沈荣显传》　　《苍穹大业赤子心：梁思礼传》
《殚思求火种　深情寄木铎：黄祖洽传》《仁者医心：陈灏珠传》
《合成之美：戴立信传》　　　　　　　《神乎其经：池志强传》
《誓言无声铸重器：黄旭华传》　　　　《种质资源总是情：董玉琛传》
《水运人生：刘济舟传》　　　　　　　《当油气遇见光明：翟光明传》
《在断了A弦的琴上奏出多复变　　　　《微纳世界中国芯：李志坚传》
　　最强音：陆启铿传》　　　　　　　《至纯至强之光：高伯龙传》

《弄潮儿向涛头立：张乾二传》
《一爆惊世建荣功：王方定传》
《轮轨丹心：沈志云传》
《继承与创新：五二三任务与青蒿素研发》

《淡泊致远　求真务实：郑维敏传》
《情系化学　返璞归真：徐晓白传》
《经纬乾坤：叶叔华传》
《山石磊落自成岩：王德滋传》
《但求深精新：陆熙炎传》
《聚焦星空：潘君骅传》

《逐梦"中国牌"心理学：周先庚传》
《情系花粉育株：胡含传》
《情系生态：孙儒泳传》
《此生惟愿济众生：韩济生传》
《谦以自牧：经福谦传》

《世事如棋　真心依旧：王世真传》
《大地情怀：刘更另传》
《一儒：石元春自传》
《玻璃丝通信终成真：赵梓森传》
《碧海青山：董海山传》

《追光：薛鸣球传》
《愿天下无甲肝：毛江森传》
《以澄净的心灵与远古对话：吴新智传》
《景行如人：徐如人传》

《材料人生：涂铭旌传》
《寻梦衣被天下：梅自强传》
《海潮逐浪　镜水周回：童秉纲
　　口述人生》

《采数学之美为吾美：周毓麟传》
《神经药理学王国的"夸父"：
　　金国章传》
《情系生物膜：杨福愉传》
《敬事而信：熊远著传》

《恬淡人生：夏培肃传》
《我的配角人生：钟世镇自述》
《大气人生：王文兴传》
《历尽磨难的闪光人生：傅依备传》
《思地虑粮六十载：朱兆良传》

《心瓣探微：康振黄传》
《寄情水际砂石间：李庆忠传》
《美玉如斯　沉积人生：刘宝珺传》
《铸核控核两相宜：宋家树传》
《驯火育英才　调土绿神州：
　　徐旭常传》

《通信科教　乐在其中：李乐民传》
《力学笃行：钱令希传》
《与肿瘤相识　与衰老同行：
　　童坦君传》

《没有勋章的功臣：杨承宗传》　　《科学人文总相宜：杨叔子传》

《百年耕耘：金善宝传》　　　　《一生情缘植物学：吴征镒传》
《耕海踏浪谱华章：文圣常传》　《一腔报国志　湿法开金石：
《守护女性生殖健康：肖碧莲传》　　陈家镛传》
《心之历程：夏求明传》　　　　《"卓"越人生：卓仁禧传》
《仰望星空：陆埮传》　　　　　《步行者：闻玉梅传》
《拥抱海洋：王颖传》　　　　　《潜心控制的拓荒人：黄琳传》
《爆轰人生：朱建士传》

《献身祖国大农业：戴松恩传》　《一位"总总师"的航天人生：
《中国铁路电气化奠基人：曹建猷传》　　任新民传》
《一生一事一方舟：顾方舟传》　《扎根大地　仰望苍穹：
《科迷烟云：胡皆汉传》　　　　　　俞鸿儒传》
《寻找黑夜之眼：周立伟传》　　《锻造国防"千里眼"：毛二可传》
《泽润大地：许厚泽传》　　　　《地学"金钉子"：殷鸿福传》